Le chemin des anges

LINDA BORTOLETTO
AUX ÉDITIONS PAYOT

Le Souffle des Andes
Le Chemin des anges. Ma traversée d'Israël à pied

Linda Bortoletto

Le chemin des anges

Ma traversée d'Israël à pied

PETITE BIBLIO
PAYOT

Retrouvez l'ensemble des parutions
des Éditions Payot & Rivages sur

payot-rivages.fr

Carte : Nathalie Cottrel

Marche sur ton propre chemin, tout le reste est égarement.

Dialogues avec l'ange

Si je ne suis pas pour moi, qui le sera ? Si je suis seulement pour moi, que suis-je ? Et si pas maintenant, quand ?

Maximes des pères

Tsimtsoum, *mot hébreu, du verbe* letsamtsem *qui signifie « contracter », « concentrer », désigne le modèle de l'être en mouvement, sortant du principe d'identité pour laisser place à l'altérité d'autrui et l'altérité de soi.*

Marc-Alain OUAKNIN

Les personnes mentionnées dans ce livre sont réelles. Toutefois, pour des raisons de respect de vie privée, j'ai changé leur nom.

Tout le reste est vrai.

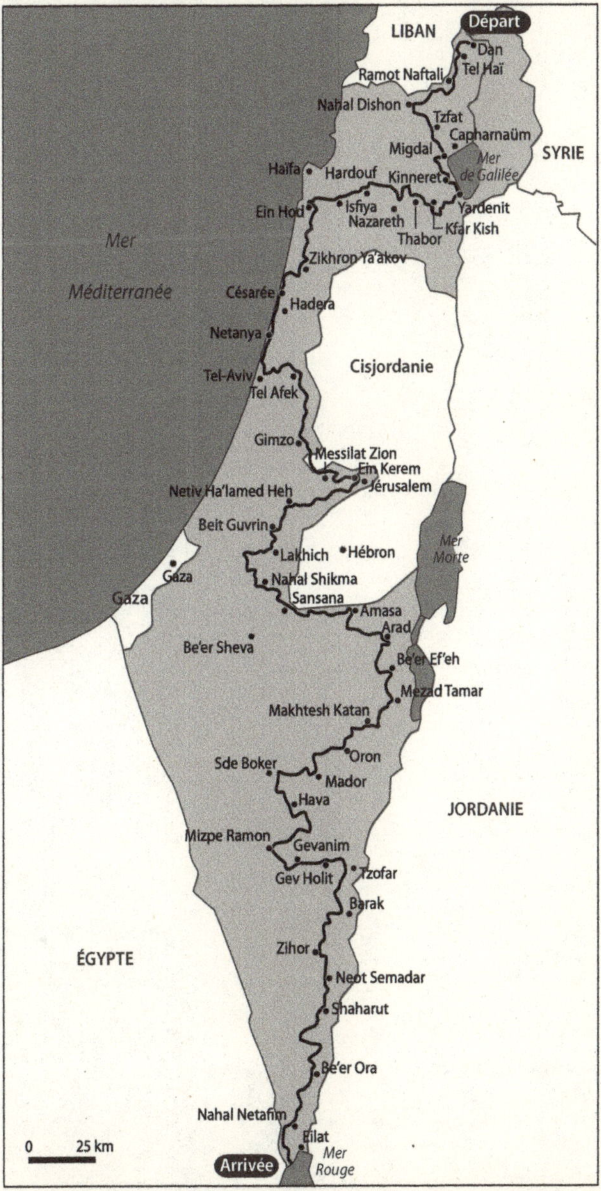

Départ
LIBAN
Dan
Tel Haï
Ramot Naftali
Nahal Dishon
Tzfat
Capharnaüm
Migdal
SYRIE
Mer de Galilée
Haïfa
Hardouf
Kinneret
Ein Hod
Isfiya
Nazareth
Yardenit
Thabor
Kfar Kish
Mer
Méditerranée
Zikhron Ya'akov
Césarée
Hadera
Netanya
Cisjordanie
Tel-Aviv
Tel Afek
Gimzo
Messilat Zion
Ein Kerem
Jérusalem
Netiv Ha'lamed Heh
Beit Guvrin
Mer Morte
Lakhich
Hébron
Gaza
Nahal Shikma
Gaza
Sansana
Amasa
Arad
Be'er Sheva
Be'er Ef'eh
Mezad Tamar
Makhtesh Katan
Oron
Sde Boker
Mador
Hava
JORDANIE
Mizpe Ramon
Gevanim
Gev Holit
Tzofar
Barak
ÉGYPTE
Zihor
Neot Semadar
Shaharut
Be'er Ora
Nahal Netafim
Eilat
0
25 km
Mer Rouge
Arrivée

1
Frontières

29 décembre, incontrôlable départ

Il fait nuit noire sur Tel-Aviv. Les ruelles du quartier de Neve Tsedek sont endormies. J'attends sous un réverbère. Une brise tiède soulève mes cheveux, secoue les fleurs et les palmiers. Leur ombre tremble contre les murs orangés. J'amorce quelques pas sous les halos de lumière ambrée. Je fais demi-tour, reviens sous mon réverbère, m'appuie, souffle. 5 h 11. Je repars pour quelques pas. Un miaulement rauque déchire le silence. Il remonte le long des pavés, se faufile entre les feuillages, se suspend aux doigts du vent. Il s'évanouit. C'est la saison des amours chez les félins. Ce cri d'amour ressemble à un cri de douleur. Je me penche sur une allée étroite. Un gros chat tigré bondit de l'obscurité. Il me jette un regard impérial puis disparaît au-dessus d'un muret.

Dans trois heures, je marcherai sur Israël, son bitume, son sable, ses pierres, sa terre. Cette terre que certains nomment Terre promise, d'autres Terre Sainte, d'autres encore Terre volée. D'autres encore qui ne la nomment pas, parce qu'ils n'y pensent pas. J'en faisais encore partie il y a quelques semaines, où je coulais des jours studieux, cramponnée à mon ordinateur, prête à affronter une année de sédentarité. Mais une vision a fait son entrée, le faux désir de sédentarité s'est brisé, et un nom est sorti de ma bouche : Israël. Rien n'a pu le retenir. Il s'est vite répandu. Je pars en Israël. Israël ?! Je dîne avec des amis, discute avec des connaissances, avec n'importe qui croise ma route, je lâche le mot, et à chaque fois, quelque chose s'allume dans les regards. Israël. Le coup part. Les pupilles prennent vie. Une lueur surgit et oscille de la curiosité à la méfiance, de l'émerveillement à la rancœur. Israël. Lueur vive d'étonnement. Israël. Lueur tremblante de peur. Israël. Lueur éclatante de joie. Israël. Lueur sombre de colère. Israël. Lueur rayonnante d'amour. Israël. Lueur vide de lueur. La haine. L'expérience est aussi fascinante qu'effrayante.

En soirée, les regards s'entrechoquent audessus des verres. Les différentes lueurs enflent, débordent et s'élèvent. Elles virevoltent d'un bord à l'autre du salon, se font face et donnent naissance à un flamboyant combat d'opinions. Les mots sifflent comme des flèches. Ils se regroupent en une masse sombre, dense et opaque, puis pleuvent contre moi. Dangereux. Tu n'es pas juive. Colons. Terroristes. Fermés. Pas t'accueillir. Je ne suis pas sioniste mais... Je ne suis pas antisémite mais... Communautarisme. Complot.

Israël. Et l'averse s'abat encore. Extrémistes. Juifs. Musulmans. Palestiniens. Bombes. Missiles. Tunnel. Mur. Conflit. Guerre. Je ne suis pas... mais... Surtout pas sur le Golan ! Tu es sûre de toi ? Écris sur ton voyage au Tibet ! Retourne dans les immensités ! Au Kamtchatka, chez les Tchouktches ! Dans l'Himalaya, chez les bouddhistes !

Silence ! Donnez-moi le silence ! N'entendez-vous pas ? Je prolonge l'écho d'un cri intérieur, un rugissement qui me pousse hors de moi, hors d'ici, hors de vous tous. Si ce cri me murmure d'y aller, j'irai ! Vos peurs ne sont pas miennes.

Serrée contre ma vision, j'ai retenu mon souffle, pris mon sac, claqué la porte, sauté dans l'avion. Assise à côté du hublot, j'ai regardé la terre accélérer, pencher puis s'éloigner. Soudain, l'averse s'est arrêtée. Le ciel s'est dégagé. J'ai enfin respiré.

Un moteur approche. Des phares m'aveuglent. Un pick-up. Je balance mon sac et m'installe à l'intérieur. Il s'engage sous la lumière des réverbères, traverse la ville, puis rejoint l'autoroute, vide, lisse et large, qui plonge tout droit dans l'obscurité bleutée. Les gratte-ciel se dispersent, disparaissent, le paysage s'aplanit. On longe des champs. « Tu croyais qu'on se déplaçait encore en chameau ?! » me lance Érez. Un sourire éclaire son long visage mat. Une main puissante sur le volant, les yeux rivés sur la route, il glisse une paille entre ses lèvres fines, et aspire quelques gorgées d'un mélange verdâtre. Sa pomme d'Adam se soulève. « Il y a un verre aussi pour toi, là, derrière ton siège. » Ma main tâtonne le sol. Je me saisis du verre frais. La texture du liquide est granuleuse. « Kiwi, chou kalé et banane ! » ajoute Érez. « J'ai mixé ça ce matin, pour nous deux. De quoi nous mettre en forme pour cette journée ! » Je goûte. La saveur légèrement sucrée du jus de fruits me détend. Je finis le verre d'un seul trait, le pose à mes pieds, ferme les yeux. La voiture gronde. Mon souffle est fort. Mes jambes sont lourdes de ne pas bouger. Le sommeil m'échappe. Je me tourne vers Érez.

– Merci de me conduire jusqu'au début du chemin.

– De toute façon, il fallait bien que je le vois aussi, ce début ! me répond Érez. Je connais des morceaux du Shvil dans le désert, mais le nord, je ne connais pas. C'est une bonne occasion de découvrir.

– Vous l'appelez le Shvil, ce chemin ?

– *Shvil*, ça veut dire « sentier » en hébreu. Et comme il traverse Israël, on l'appelle le Shvil Yisrael. Le sentier national israélien. Ceux qui le parcourent, on les surnomme les Shvilistim. Le *im*, c'est pour le pluriel en hébreu. Tu es donc une Shvilist !

– En fait, le nom que j'ai retenu, c'est le Chemin des Anges. Ce sont des Israéliens que j'ai rencontrés dans l'Himalaya il y a trois ans qui m'en ont parlé. C'est parce que ce nom m'a marquée que je ne l'ai pas oublié, même si je n'y ai plus du tout pensé ces dernières années.

– Et il t'est revenu comme ça ?

– Oui, il y a deux mois à peine. Ça a été inattendu, mais ça s'est imposé comme une évidence. J'ai eu une vision pendant une méditation, et j'ai senti qu'il fallait que je vienne ici, en Israël. Je me suis alors souvenue de ce chemin, de son nom, et de l'enthousiasme des Israéliens quand ils me l'ont décrit. Marcher en Israël, ça me paraît fou maintenant que j'y suis. Sur la carte, votre pays est si petit. Et puis tous ces débats autour de la politique. Moi qui suis mordue d'immensités, je n'aurais jamais imaginé ça.

– Si tu l'as ressenti, c'est qu'il y a une bonne raison à cela. Et vu ce que tu me décris, c'est Israël qui est venu à toi !

Érez rit. Il a raison. Israël est venu à moi. Israël est entré en moi, brutalement, comme par effraction. Je ne me suis pas défendue.

Je fixe la ligne blanche et discontinue qui divise la route. Elle se rétrécit puis commence à se tordre. Des pins s'inclinent de chaque côté, comme dans une révérence, un premier geste de grâce qui me ramène à ce que je suis avant tout venue découvrir : la nature. On m'a parlé de tout en Israël, de politique, de religion, de l'armée, d'économie, de business, d'innovation, de tout sauf de nature. La voici qui me tend les bras.

Nous arrivons à Dan, à la pointe nord d'Israël, en haute Galilée. Érez se gare sous un large eucalyptus. Je saute de la voiture. Mes jambes se dérouillent. Le ciel est bas, gris, délavé. Les abords du kibboutz sont déserts. Derrière des oliviers, une arche en terre battue, d'un ocre légèrement plus clair que la terre foncée, à peine plus haute que moi, marque le départ du chemin. Elle est sertie de mosaïques qui dessinent de longues lignes ondulant à la manière de serpents, et de petites fleurs blanches, bleues, et orange, les mêmes couleurs que la triple bande du balisage du sentier. Blanc pour la montagne, bleu pour la mer, orange pour le désert. À ses côtés, un panneau métallique dévoile la carte de la première journée. Je pose ma main sur la surface froide, mes doigts caressent les contours des caractères hébraïques. Ils sont épurés, primaires, millénaires, bibliques. J'ai envie de les déchiffrer.

– C'est écrit Shvil Yisra'el, me dit Érez en soulignant le titre de la carte, de droite à gauche שביל ישראל

Il voit des lettres. Je vois des formes. Elles me projettent dans l'innocence de la petite enfance, où le cerveau n'a pas encore atteint le stade de l'interprétation, et en est à celui de la découverte, pure et naïve. Mon regard se force à balayer la ligne de la droite vers la gauche. Il interroge cet assemblage de traits et de courbes, tente de l'analyser. Incapable d'en tirer un sens quelconque, il se coupe du langage pour revenir à sa fonction originelle : contempler. Un trident m'apparaît, suivi d'un abri qui s'ouvre sur le côté, une larme, un sept coiffé d'un trait qui le tire vers le haut comme s'il souhaitait s'envoler, de nouveau la larme, le trident puis une équerre, un X dont l'une des branches s'est affaissée, enfin le sept qui souhaitait s'envoler. Le trident du « Sh » hébraïque me rappelle le « Sh » cyrillique. Même forme. Même son. Cette simple lettre témoigne du voyage de l'hébreu vers les autres langues, et notamment le russe, que j'ai appris et parlé pendant plusieurs mois, en Sibérie. Le trident me devient soudain familier. L'alchimie de ma mémoire entache la virginité de l'inconnu.

J'endosse mon sac, ajuste les bretelles et cherche la silhouette longiligne d'Érez. Elle se dresse comme une perche au milieu de feuillages verts égayés de boules orange vif. Érez rampe sous les barbelés et me ramène des mandarines fraîches.

– On a le droit ! me dit-il.

Je les glisse dans mon sac, déjà plein. J'empoigne mes bâtons de marche.

– On y va ?

Et je m'engage sur le chemin. Érez me suit. Le bitume fait place à la terre. Rapidement, ma respiration se cale sur mes pas. L'air est doux. Les herbes des pâturages sont amaigries, jaunies par la sécheresse, les arbres sont nus. De rares espèces ont persisté. Leurs feuilles se tendent, fières, vers le haut. Dans les champs, des vaches ruminent. Elles lèvent la tête et nous regardent. Alors, le ciel se fend. Sans un bruit, le soleil éclate. Il me réchauffe la peau, le visage, les mains, le corps, jusqu'à mon cœur, qui s'accélère, cogne de plus en plus fort contre ma poitrine. J'inspire l'odeur de la lumière, qui m'arrive par bouffées. La tête me tourne. Je trébuche contre une pierre. La poussière du chemin se soulève et recouvre mes chaussures.

Appareil photo au cou, Érez arrache des clichés au paysage.

– Il n'a presque pas plu cette année. C'est pas normal. C'est la première fois que c'est aussi sec. C'est l'hiver et on se croirait en été. Tu sais que la pluie, ici, c'est essentiel, surtout pour l'agriculture ? C'est la joie quand il pleut ! Le niveau de pluie, c'est le baromètre du moral du pays. Il est bas en ce moment. Mais elle devrait bientôt arriver. Ils prévoient même une tempête. J'espère que tu es bien équipée.

Il retire sa veste. Une cicatrice déchire son biceps, sinuant depuis l'arrondi du muscle jusqu'au pli de son coude. Érez me regarde, me voit le regarder, je détourne les yeux. Il repart en avant, photographie la poussière dans la lumière, puis s'arrête devant un panneau vert. Sous une ligne en hébreu, une autre en arabe, je lis en anglais : « On n'entre pas. Zone militaire interdite !!! »

– C'est la frontière avec le Liban, dit Érez.

Au bout d'une route défoncée, une barrière rouillée, à moins de 100 mètres de nous. De l'autre côté, des bâtiments blancs, épars, tapissent une colline. Des fenêtres s'ouvrent sur nous.

Érez se rapproche de moi. Il lève son visage vers le ciel.

– Tu vois comme c'est calme en ce moment ? Mais en 2006, lors de la dernière guerre avec le Liban, ici même, tu avais des dizaines et des dizaines de missiles qui quadrillaient le ciel, juste au-dessus de nous. Je travaillais à l'époque à Kfar Giladi, pas loin d'ici, comme photographe pour un journal du coin. J'avais une vingtaine d'années. C'était la folie ! Les missiles pleuvaient et ils pouvaient tomber n'importe où. N'importe où ! C'était devenu presque un jeu quand je sortais ! Tu ne savais pas où tu devais aller pour les éviter… à droite… ou à gauche… Tout ce que tu savais, c'est qu'il ne fallait jamais rester sur place. Il fallait bouger. Toujours bouger ! C'est ça vouloir rester en vie !

Est-ce ce ton détaché, presque enfantin, que les psychologues considèrent comme un signe de résilience, et les bouddhistes, d'acceptation ? Occidentale née au début des années 1980, je mesure ma chance de n'avoir pas connu la guerre. L'affrontement des peuples, tribus ou nations, ce n'est pour moi que dates et faits glanés au hasard des manuels d'histoire, récits de rescapés, de survivants, de vivants, recueillis lors de rencontres, dans la littérature ou au cinéma.

Je me retourne. Au bout de la mince bande de terre d'où nous venons, les courbes du mont Hermon se détachent d'entre les nuages. Mon imagination se pose sur son sommet, s'étire vers le nord, le long de sa ligne de crête qui dessine une frontière plus ou moins définie entre le Liban, à l'ouest, et la Syrie, à l'est. Le « plus ou moins » témoigne de l'instabilité qui plane sur cette région. La paix de ces quelques kilomètres peut se dissiper plus vite encore que les lambeaux de nuages sous la chaleur du soleil.

– Nous n'avons pas de problème avec le Liban, reprend Érez, mais avec le Hezbollah, qui est financé par l'Iran. Leurs combattants sont planqués là-bas. Ils se mélangent à la population des villages, quelque part dans la montagne. Je ne sais pas pourquoi ils nous détestent... Avant, il y a longtemps, à l'époque du Shah, ce n'était pas comme ça, ça se passait bien avec l'Iran. Y avait des milliers d'Israéliens là-bas. Mais depuis la révolution islamiste de 1979, ça s'est renversé. Oui, ils nous haïssent. Ils veulent notre mort. C'est comme ça. De toute façon, Israël a toujours été au centre des conflits. Tu le sais bien !

Je ne sais plus très bien ce que je sais, j'ai envie de lui dire. En sept années de voyages, c'est la première fois que je me rends dans une région qui compte plus d'un millier d'habitants, qui n'est pas profondément isolée, suspendue au bord d'un continent ou perchée à plus de 4 000 mètres d'altitude, et où la nature n'a rien de sauvage, si je considère ces barbelés qui nous séparent des vaches, des champs, des vergers, du Liban, ou encore ce guichetier qui contrôle l'accès de la réserve naturelle où nous pénétrons.

Je ne sais plus quel est le sens de mon départ, de ma vision, de mon appel. Jusqu'alors, je suis allée à la rencontre de tribus reculées, de leurs traditions, de la sérénité qu'elles puisent dans une vie en retrait. Et me voilà dans ce petit pays, pas plus grand que la Bretagne, où l'on me parle de guerre et de haine.

Suis-je aussi libre, intérieurement, que je le pensais ? Les doutes me pèsent autant que mon sac. Je me raccroche au sentier. Il se rétrécit le long de la rivière Snir, qui s'écoule bruyamment à l'ombre des arbres échevelés. Des feuilles mortes tourbillonnent dans son courant. Nous passons d'une berge à l'autre. Érez sautille de pierre en pierre, avec l'allégresse d'un danseur. Je lutte davantage contre la gravité. La terre est humide, boueuse. Je glisse. Mon appareil photo s'extirpe de ma sacoche, mal refermée, bondit contre le sol, puis atterrit au fond de la rivière. Je reste pétrifiée. Érez se précipite, le récupère et me le tend. Des filets d'eau s'écoulent du boîtier. Des larmes épaisses lèchent l'intérieur de l'objectif. Je pivote l'interrupteur. Il résonne dans le vide. L'écran reste noir.

– Je pense qu'il est mort, dit Érez.

Il m'observe d'un air triste. Je ne dis rien. Le soleil s'est éclipsé, il commence à pleuvoir. Je me tourne vers le ciel, sombre et obstrué. Je jette mon sac au sol, enfile ma veste, m'appuie contre un tronc. Je souffle. Une bourrasque arrache une poignée de feuilles à mon sycomore. Elles volent quelques secondes dans les airs, puis se dispersent dans le fouillis de la végétation. « C'est un sacré bordel ici », me dis-je.

Soudain, je me mets à rire, d'un rire incontrôlable, qui cogne contre les arbres, les pierres, qui rejoint la rivière, roule sur ces eaux venues du Liban, des eaux passe-frontières, qui se nourrissent de la première pluie, se renforcent et gonflent comme autant de muscles naturels. La rivière charrie tout sur son passage, l'amour comme la haine, la vie comme la mort. Je ris à gorge déployée, et plus je ris, plus je me sens légère, plus je ris, plus je me libère. Érez fronce des sourcils.

– C'est ma leçon du jour, de ce commencement ! dis-je. M'alléger ! Lâcher prise ! Et puis ne m'as-tu pas dit tout à l'heure que la pluie, l'eau, c'était comme une bénédiction pour vous ? Eh bien voilà… je suis bénie !

Nous repartons. Je me recentre sur la mécanique de mon corps en marche. Je m'abandonne aux pierres, à la terre irrégulière, à la subtile pression de l'air. Je me sens bien et ce bien-être me porte, il m'emporte au-delà des nuages qui obscurcissent les champs et les vergers, au-delà de la route qu'il nous faut longer, collés contre l'un de ses bords afin de nous protéger du va-et-vient des voitures, au-delà du cadavre d'un chacal, qui gît dans un fossé, rigide, gueule ouverte, langue pendante, les yeux à moitié clos, au-delà du sommet de la colline Tel Haï, où la statue d'un lion est érigée en mémoire de Trumpledor, pionnier sioniste d'origine russe tombé au combat après une attaque arabe en 1920. Il me détourne de tout ce qui pourrait me décevoir, me heurter, et m'ancre au plus profond d'une certitude : je ne suis pas là par hasard. Le sens de ce voyage, il m'appartient de me désencombrer pour le découvrir, de m'effeuiller, de me dénuder comme ces arbres, et de m'ouvrir à l'énergie de cette terre.

Je n'attends plus rien. Les promesses n'en seront que plus riches.

30 décembre, de Tel Haï à Ramot Naftali

Je me suis endormie avec le hurlement lointain des chacals et le tapotement de la pluie contre ma tente. Je m'éveille avec le silence. Je range mes affaires et secoue ma toile verte. Les gouttes s'envolent comme des perles de cristal.

Érez m'a quittée la veille. La solitude m'accueille en bonne amie. Je m'élève à travers une forêt de pins. Le sol est souple. Le vent est frais. Dans l'intimité des sous-bois, des cyclamens se rebellent contre l'hiver. Leurs pétales blanc et violet s'élancent au milieu de feuilles en forme de cœur. Sur l'une d'elles, une minuscule étincelle est emprisonnée dans la rosée. Je souffle. Elle frissonne, puis disparaît.

Le chemin s'étire sur les flancs arborés des montagnes de Naftali. Des vaches s'écartent à la dernière minute pour me laisser passer. Elles rejoignent un couple de chevaux qui gambade librement derrière les arbres. Entre les nuages floconneux, des faisceaux de lumière chutent du ciel vers la terre, comme si des projecteurs se braquaient sur le monde d'en bas. À mes pieds, la vallée de la Houla. Elle déplie un échiquier de rectangles verts et bruns jusqu'à la base de l'imposant plateau du Golan. Alors que mon regard traîne sur l'horizontalité de sa crête, une escadrille d'oiseaux arrive par la droite, tournoie autour d'une mèche de lumière, puis disparaît au milieu des champs.

Chaque année, la vallée de la Houla accueille des millions d'oiseaux migrateurs. Sur des dizaines de milliers de kilomètres, de continent en continent, ils s'orientent selon la position du soleil, des étoiles, et grâce à une minuscule zone aimantée blottie dans leur cerveau, la magnétite, qui agit comme une boussole intérieure. Aiguillées par le génie de la nature, plus de cinq cents espèces différentes se retrouvent le temps d'une saison dans la vallée : cigognes, grues cendrées, pélicans, cormorans, martins-pêcheurs, faucons… Elles y trouvent l'eau, la nourriture et le repos, puis reprennent leur envol par vagues successives vers l'Europe, l'Asie, ou l'Afrique. Israël est leur Éden.

Je me penche sur ma carte. Le papier glacé reflète la lumière dorée. La ligne pointillée du Shvil s'accroche à l'une des courbes de niveau qui s'entassent jusqu'au faîte de la montagne. D'une foulée décidée, je vais le long du tracé, escortée par le vol des migrateurs.

Le sentier s'extrait de la forêt. Les arbustes nains remplacent les pins. Je descends vers la vallée. Mes pieds s'engagent sur les pentes, repoussent le sol graveleux, contournent des crocus d'un blanc immaculé, virent sur la droite, sur la gauche, s'agrippent aux pierres, y glissent parfois, et guident mes jambes entre les buissons épineux.

Passé une route, le Shvil part sur la gauche. Le balisage blanc, bleu et orange s'étale sur le coin d'une pancarte : *Wadi Qedesh*. Le ciel est lourd et menaçant. Où vais-je passer la prochaine nuit ? Je m'assieds sur une roche, ouvre la poche supérieure de mon sac, en sors une pochette plastifiée. À l'intérieur, des feuilles imprimées d'un tas d'informations rassemblées avant mon départ : points de ravitaillement en eau potable, tracé du chemin de Jérusalem, liste des anges du chemin. Je m'empare de cette dernière.

Je parcours les noms et les numéros de téléphone, m'arrête sur Ramot Naftali, où je prévois d'arriver avant la nuit. J'allume mon téléphone, j'hésite à appeler.

Alors que j'ai été de nombreuses fois hébergée spontanément par l'habitant au cours de mes voyages, je me demande subitement ce qui motiverait un parfait inconnu, vivant dans un pays moderne, similaire à n'importe quelle société occidentale, à accueillir gratuitement une étrangère de passage, non-juive de surcroît. Je relis les instructions au sommet de la liste :

Veuillez contacter les anges du chemin au moins quarante-huit heures avant votre arrivée et pas après 21 heures.

Je scrute de nouveau le ciel, anthracite. Au diable les quarante-huit heures, je compose un numéro. Shimon. Le téléphone sonne dans le vide. Ça décroche.

– Shalom.

– Shalom ! Vous parlez anglais ?

– Bien sûr !

– Je suis française et je parcours le Shvil, du nord au sud. Est-ce que ce serait possible de dormir chez vous ce soir ?

– Vous le faites seule, par vos propres moyens ?

– Oui. Seule.

– Pas de problème. Il y a une chambre à la disposition des randonneurs qui se trouve au centre du village. Quand vous arriverez à côté de la supérette, juste avant le rond-point, rappelez-moi. Je suis en route vers Tel-Aviv et ne peux pas vous accueillir, mais je vous dirai comment y accéder. Vous êtes où maintenant ? Vous pensez arriver vers quelle heure ?

– Je viens d'arriver à l'entrée de *Wadi Qedesh*. Je devrais donc être à Ramot Naftali dans une heure, maximum.

– D'accord. J'attends donc votre prochain coup de fil.

Simple comme *Shalom*. Je me remets en route. Le sentier s'enfonce sous des chênes et des térébinthes. Il s'arrête au bord d'une paroi de 4 ou 5 mètres de haut. Des poignées métalliques sont scellées dans la roche. Je me retourne, empoigne les arceaux froids et rouillés, descends dans le *wadi*.

Wadi est un mot arabe qui signifie « oued », un lit de rivière, asséché, sauf en cas de fortes pluies. Au fond, un chaos de pierres et d'immenses rochers. Des troncs et des branches s'entrecroisent dans l'humidité. Je me baisse et me tords dans cette bataille entre minéral et végétal. Mon visage s'empourpre, gagné par la chaleur de mon corps. Des gouttes de sueur coulent le long de mes joues. Elles finissent au sol. Les pierres grises les absorbent. Le sentier vire en épingle. Il remonte dans une direction presque parallèle à celle d'où je viens.

Je comprends mieux la mosaïque de serpents sur l'arche de départ, à Dan. Ce chemin de 1 100 kilomètres n'a pu être tracé sur un territoire d'une longueur doublement inférieure, à savoir 425 kilomètres, et d'une largeur qui n'a de large que le nom, puisqu'elle varie de 16 à 115 kilomètres, qu'à la condition d'onduler et de se tortiller, tel un serpent.

Le ciel se glisse entre le maillage des branches au-dessus de moi. Je me mets à envier le vol des oiseaux migrateurs, qui se maintiennent sur une trajectoire rectiligne, la plus rapide. Mon destin de bipède est de me cramponner au sol. Il se révèle plus long et tortueux que là-haut, dans les airs.

Le *wadi* s'ouvre sur le crépuscule. Une lumière laiteuse frôle les vignes qui s'éloignent vers l'horizon. Les premières maisons de Ramot Naphtali se dessinent. Je rappelle Shimon. Il me guide par téléphone jusque devant une porte métallique.

Elle grince et s'ouvre sur une grande salle carrelée. Une lumière terne pénètre par les fenêtres. De minces matelas en mousse s'entassent le long des murs. Dans un coin, on a dessiné un large pommier, au tronc bien vert et aux pommes bien rouges. L'endroit ressemble à la salle paroissiale de mon village natal, où étaient organisés les traditionnels spectacles de Noël. Une salle triste au premier abord, mais qui s'illuminait grâce aux rires et aux cris des jeunes enfants que nous étions. La même énergie résonne entre les murs de ces lieux, comme une vibration surgie du passé. Désormais, tout est désert.

Au fond, deux chambres sont chacune meublées d'une planche en bois en guise de lit. Du papier peint y pend par lambeaux. Leur exiguïté ne m'inspire aucune envie. La pièce principale fera l'affaire. Je déplie mon sac de couchage et l'étale sur une pile de matelas, suspends ma tente sur le dessus d'une porte pour la faire sécher, puis me lave dans la douche étroite aux rebords moisis. Je mange, grelotte, dors à moitié. Je me couche, me recroqueville dans la chaleur de mon duvet. Je ferme les yeux sur la nuit.

31 décembre, de Ramot Naftali à Nahal Dishon

Il pleut. L'année se terminera arrosée. Au pied d'un arrêt de bus, trois personnes attendent, emmitouflées dans d'épaisses vestes, à l'ombre de parapluies noirs. *Boker tov*, me disent-elles.

Je les dépasse et m'égare dans les rues de Ramot Naphtali. Je bute contre une barrière jaune. Haute et large, elle est fermée par un robuste cadenas. La route m'attend, juste derrière. Personne, ni à droite, ni à gauche. Aucun moyen de franchir la barrière. Je reviens sur mes pas, longe un grillage surmonté de ronds de barbelés. La route me nargue. J'espère déceler une brèche, un interstice, aussi mince soit-il, afin de la rejoindre. En vain. Sur ma gauche, des maisons immenses aux grandes baies vitrées, de somptueuses villas, certaines en bois, d'autres plus modernes, puis une en pierres. La pancarte accrochée à l'entrée indique un établissement vinicole.

Je l'ignore encore, mais je me trouve dans un *moshav*, une version libérale du kibboutz : la propriété y est individuelle et les membres de sa communauté exercent pour la plupart des métiers détachés de l'agriculture, indépendants du moshav. Quelle raison impose la présence de cette clôture ininterrompue, que je retrouverai autour des autres moshavim et kibboutzim où je m'arrêterai ? Une frontière à l'intérieur des frontières. Du haut de ses barbelés, elle me souffle son besoin de protéger. C'est ce que j'ai connu à l'armée, en vivant dans les casernes de gendarmerie, dans l'incontournable « logement concédé par nécessité absolue de service ». La différence fondamentale, c'était qu'on ne choisissait pas. Ni la caserne, ni le logement, ni même le poste. Au moins les habitants du moshav avaient-ils cela : le choix.

La pluie s'affine en une légère bruine. Elle est glaciale. Je trouve la sortie. Je quitte barrière jaune, barbelés et asphalte. Devant moi, la nature se noie dans la brume. Le sentier se devine sur quelques mètres. La terre, rouge, est gorgée d'eau. Elle se métamorphose en une redoutable glaise, grasse, au contact de mes pas. Je pétris la *terra rossa*, un sol argileux caractéristique des régions calcaires à climat chaud. Elle s'accroche à mes chaussures, s'y accumule, finit par former un immense tas informe et compact qui surcharge, freine et entrave ma marche. Je secoue mes jambes, frappe mes chaussures l'une contre l'autre, contre les pierres qui émergent, plante la pointe de mon bâton dans la glaise qui emprisonne mes semelles, tente de la chasser. Mais lorsque enfin une lourde masse se décolle et s'abat contre le sol, deux à trois pas plus tard, il me faut recommencer.

Je patine, glisse, manque à plusieurs reprises de perdre l'équilibre. J'enrage. « C'est quoi cette putain de terre ? » Mes jambes traînent deux énormes boulets. Ma marche se déforme. Collée à la terre, penchée en avant pour compenser le poids de mon sac, j'avance tel un sumo, un forçat. Je piétine lourdement, vulgairement. Pour quoi ? Une vision ! C'est n'importe quoi.

Le sentier rejoint les bords d'une exploitation agricole. La terre est ferme. Je me redresse, respire puis frotte frénétiquement mes chaussures contre les graviers du sol. Elles se libèrent de leur fardeau. La glaise rouge dessine des arabesques sur le sol blanchâtre. Ma marche devient artistique ; je peins du bout du pied. Devant moi, des empreintes. Un ovale est surmonté de griffes, qui se détachent avec une netteté chirurgicale. Les chacals m'ont précédée.

Je descends dans le creux d'une vallée. Les champs sont assoupis. Le vent se tient tranquille. Le silence s'ouvre, profond, mystique. Il déborde des collines, délie mon esprit. Des géants se forment dans les nuages, des déesses se cachent derrière les grenadiers nus, des nymphes dansent entre les herbes fanées. Je rêve éveillée, bercée par l'esprit des divinités de l'Olympe. On dit en effet d'un mamelon que j'ai gravi dans la matinée – Keren Naftali – qu'il a accueilli un temple construit en l'honneur de la déesse Athéna, pendant la période hellénistique, du temps où Alexandre Le Grand conquit l'Empire perse, qui s'étendait de l'Indus à la mer Méditerranée. Athéna, déesse de la guerre et de la sagesse. Cela sonne comme un oxymore. À l'opposé de son demi-frère Arès, dieu de la guerre dans son aspect sanglant, désordonné et passionnel, Athéna agissait avec raison et intelligence, avec stratégie. Une femme à l'origine de l'art de la guerre ! Cela ferait pester plus d'un militaire.

Le squelette noir d'un arbre solitaire se tient contre la pâleur du chemin. L'une de ses branches se contorsionne vers les hauteurs, parsemées de fourrés. Le poids d'une présence invisible se pose contre moi. La pluie se fait plus drue. Des cordes argentées me flagellent les mains, le visage, le torse. L'eau se mêle à ma sueur et dégouline dans mon cou. Je serre davantage mon foulard, enfile mes gants et mon bonnet, me tasse sous ma capuche. Nez baissé, l'attention resserrée sur les flaques qui me reflètent, je navigue dans des flots restreints, un monde étroit, qui se réduit à quelques centimètres autour de moi. Mes pensées cessent de vagabonder. Elles se contractent sur le présent, sur l'instant où chaque pas m'amène un peu plus loin, lentement, lourdement. La journée va être longue.

J'escalade une clôture pour bétail. Obnubilée par un sommet, je grimpe, comme une acharnée. En haut, le brouillard me cerne. Le chemin a disparu. Ma carte m'indique qu'il doit rejoindre Nahal Dishon – le ruisseau Dishon – en contrebas. La descente est raide. La *terra rossa* y fait son retour. Mes chaussures se fondent dans la glaise. Je m'appuie contre l'un de mes bâtons. D'un mouvement de hanche, je pivote, trace un itinéraire en zigzag. La vitesse m'emporte. Je m'effondre sur les fesses, la pente me traîne sur plusieurs mètres. Je freine ma course en opposant un pied contre une pierre. Ma semelle se plaque en plein sur le marquage du Shvil. D'un rebond, je me redresse sur mes jambes et repars dans ma glisse effrénée vers Nahal Dishon.

En bas, mon corps est crispé. Je me réfugie sous un large chêne vert. Mes gants, ma veste, mon écharpe, mon sac, mon pantalon, presque tout sur moi est couvert de cette glaise épaisse et visqueuse. Je ne suis plus qu'un bonhomme de terre. Je saisis par poignées les couches de terre agglutinées, les jette au sol, enlève mes gants, les rince dans une flaque, puis tends mes mains nues hors de mon abri de fortune. La pluie fait couler des filets d'une eau ocre et brun entre mes doigts, à l'extrémité fripée par l'humidité. Mes vêtements trempés de sueur se collent contre ma poitrine, mon ventre, mes flancs, mes reins. Un frisson me parcourt l'échine. Le froid m'incite à repartir.

De part et d'autre du sentier, les collines se resserrent, les arbres ploient sous le poids de leurs branches essorées, leurs minuscules feuilles claquent au rythme de la pluie. Chênes, térébinthes, caroubiers, oliviers, arbres de Judée, tous se courbent sur mon passage, comme si j'étais attendue en ces lieux. Soudain, sur ma gauche, quatre ombres. Elles se faufilent furtivement entre les arbres puis parviennent à ma hauteur. Des chacals. Trois d'entre eux remontent sur le versant opposé tandis que le dernier s'arrête en même temps que moi, au centre du chemin. Il lève son museau et dirige ses longues oreilles vers moi. Ma respiration se suspend. Nos regards se jettent l'un dans l'autre, se jaugent, évaluent le danger que chacun représente pour l'autre. L'éclat doré de son iris transperce le brouillard. Des reflets métallisés courent sur sa fourrure sombre et épaisse. Une branche craque. Il se tourne, court entre les pierres, les troncs, et disparaît derrière le sommet.

La fascination balaye ma fatigue, le froid, la pluie même. Israël est un petit pays. Certes. Mais dans ses replis, un souffle éminemment sauvage y repose. La marche a le pouvoir d'ouvrir cette brèche.

Les collines se dénudent pour céder la place à un paysage minéral, escarpé. Un canyon. Le son de mes pas bondit contre la paroi rocheuse. Un long hurlement fissure le silence. Je jette des coups d'œil inquiets autour de moi, derrière les roches, les buissons, balaye les cimes du regard. Aucune trace de chacals. L'écho du cri s'évanouit. Je tends l'oreille, ma respiration est forte. Au contact du froid, mon souffle se transforme en petits nuages de fumée. La pluie s'écrase contre ma veste dans un bruit sec et régulier. Elle bat la mesure de mon isolement. Assiégée par les hauteurs, je me sens vulnérable, à la merci de n'importe qui, n'importe quoi. Le hurlement reprend. D'autres suivent. Ce sont désormais des dizaines de hurlements, de durées et de tonalités différentes, qui se succèdent et se chevauchent, jusqu'à former un chœur au centre duquel je me trouve. Je m'immobilise. J'écoute cet ensemble, aussi effrayant qu'envoûtant. J'ai peur. J'aime cette peur, cette fragilité, ce sentiment que tout, d'une seconde à l'autre, peut basculer. Les cris m'enchaînent. Je tombe sous leur emprise, à l'image des marins succombant au charme irrésistible du chant des sirènes, qui finit par les mener à leurs pertes. Je secoue la tête. Ma raison reprend le dessus. Je n'ai plus qu'une envie : sortir du canyon avant la tombée de la nuit.

J'accélère. Les hurlements reprennent de plus belle, retentissent derrière moi, traversent le brouillard, la pluie, pour m'atteindre et me retenir. Les chacals me défient. Le gris des nuages devient de plus en plus sombre, l'obscurité de plus en plus profonde. Sur ma montre, je scrute les minutes, les quarts d'heure avancer. La fatigue alourdit mes mouvements, mes jambes, mon sac. La pression des sangles contre mes hanches et mes épaules m'opprime. Je cherche à détourner mon esprit des chacals, de mes douleurs et me mets à réciter des mantras tibétains, comme une incantation : *Om Benza Sato Samaya, Manu Palaya*...

Soudain, la pluie cesse. Le silence. Je reprends mon souffle, je rabats ma capuche. Mon champ de vision se libère. Tout est vert et aéré. J'enroule ma tête d'une épaule à l'autre. Le haut de mon trapèze me brûle. Je masse ma nuque, raide, tendue. Deux gazelles m'observent, cramponnées à la roche. Sur le blanc de leurs croupes, leurs minuscules queues noires oscillent rapidement, tel le balancier d'un métronome au presto.

Je ne suis plus seule avec les chacals. Le regard posé et l'attitude sereine des gazelles me suggèrent que le danger est passé. Un lien invisible se tisse entre elles et moi. Il me transmet le langage merveilleux de la nature, qui se passe de mots pour suggérer ce qui est. Le langage du sensible, du charnel et des sens, où la compréhension est avant tout affaire de ressenti. Aller seule dans la nature me rapproche de l'animal, des instincts primaires, où les sens s'aiguisent pour déceler ce qui échappe à l'esprit. La connaissance de la nature est une intelligence du corps, une résurgence de nos origines.

1er janvier, un kibboutz

– Tu sais ce que c'est un kibboutz ?

– C'est un système communautaire, inspiré du marxisme, où vous partagez tout ?

– Sauf nos femmes et nos enfants !

J'ai passé la nuit chez Aviv, aux cheveux blancs comme de la nacre. Ce matin, il a insisté pour me faire visiter son kibboutz. « Vu le temps pourri, je veux te faire découvrir un des rares kibboutzim qui reste traditionnel. J'y vis depuis le début de sa création ! Nous avons construit ça avec nos mains, notre sueur et nos larmes. » Il claque la porte de sa maison derrière nous, enfile une casquette et part à grandes enjambées entre la pluie et le froid. Pendant que nous marchons, il me raconte l'histoire des douze juifs venus de la Russie des Tsars qui, du haut de leurs 20 ans, échappèrent aux pogroms et abandonnèrent familles et études pour fonder le premier kibboutz, Degania, en 1909. Il suspend son pas, se tourne vers moi et insiste sur l'importance du travail de la terre et de la vie en communauté, sources de la philosophie des kibboutzim. « De chacun selon ses facultés, à chacun selon ses besoins ! Telle est notre devise », me dit-il avec une fierté empreinte de nostalgie.

Nous prenons le petit-déjeuner dans la salle à manger commune. Elle a tout d'une cantine classique. Des dizaines de tables sont parfaitement alignées d'un bout à l'autre de la pièce. Vieux et jeunes s'y côtoient. Dans l'angle, un buffet propose des tomates, concombres, oignons, olives, persil, coriandre, croûtons, œufs durs, en bref, de quoi se composer une belle salade, ainsi que du café turc. Celui-ci consiste à verser directement le café moulu dans un grand verre d'eau bouillante. Il porte le nom de café *botz* en hébreu, qui signifie « boue ». Je m'en passe volontiers.

« La salle à manger, c'est le cœur du kibboutz. Tout est organisé autour. C'est là où, après avoir travaillé la journée entière aux champs, on se rassemblait. C'est la signification même du mot kibboutz : le rassemblement ! » me dit Aviv tandis que nous sortons sous la pluie. Nous contournons les eaux vertes d'un lac. Trois grands pélicans blessés voguent aux côtés de cygnes blancs. Leurs longs becs se lèvent vers la pluie puis retombent au-dessus de la surface ondulée de l'eau. Ils attendent paisiblement la guérison avant de reprendre leur migration. Dans un jardin entretenu par des retraités, Aviv arrache une feuille de chou kalé : « Goûte ! Ici, tout est naturel ! » Une grand-mère au visage labouré de rides, appuyée contre sa canne, médite sur la poésie que lui inspire une rangée de salades frisées. Son petit-fils jaillit de nulle part, court vers elle et l'arrache à ses rêveries : « *Safta ! Safta ! Yallah ! Yallah !* » Il s'accroche à sa jupe longue et la tire vers le lac.

Plus loin, des dizaines de petites maisons débordantes de fleurs se côtoient de part et d'autre d'une longue pelouse.

– Tu vois ça ? me demande Aviv.

– Quoi ? Les maisons ?

– Oui ! Mais cette configuration est particulière. Elles se font toutes face, et au milieu, il y a ce grand espace arboré où chacun peut s'installer comme il le souhaite. C'est précisément ce genre de détail qui soude la communauté. Les familles ouvrent la porte de chez elles, se voient, se rencontrent, et échangent. Elles peuvent manger ensemble. Les enfants peuvent jouer ensemble. Ce n'est plus comme ça dans ce qu'on construit aujourd'hui, y compris ici, dans ce kibboutz. Plus loin, tu as des maisons plus modernes, mais isolées. Tout change. Les jeunes ne veulent plus de ce qu'on a mis en place : l'esprit « pur » du socialisme. Ils veulent posséder !

Tu consommeras. Tu posséderas. Tu t'approprieras. Tels sont les commandements du monde moderne, y compris dans une société nouvelle comme Israël. Gary Becker, prix Nobel d'économie en 1992, voyait dans la refonte du modèle originel des kibboutzim l'ultime preuve de l'échec du socialisme.

Nous nous arrêtons sur les bords du kibboutz. En bas, les champs, les vignobles et les forêts s'emmitouflent dans la brume. Une colline nous fait face. Le Liban. La frontière se situe à moins d'un kilomètre.

– Pendant la dernière guerre avec le Liban, nos soldats étaient stationnés ici, me dit Aviv en me montrant la forêt de pins. Maintenant, c'est tranquille, ils sont partis. Mais tu vois le village sur la colline ? Si le temps était plus clair, tu y verrais la mosquée. Elle a été financée par l'Iran et je suis certain qu'ils l'ont construite par pure provocation. C'est fait exprès ! C'est le Hezbollah là-bas ! Il y a même un musée dans un de ces bâtiments où ils passent des vidéos de l'époque où ils nous bombardaient. Ils en sont fiers ! Tu te rends compte ?

Je me tais. Aviv reprend :

– Je sais ce que vous pensez de nous en Europe. Nous sommes les méchants ! Mais c'est parce que vous, vous n'avez pas encore ce qu'on a : des siècles, des millénaires de connaissance sur les musulmans. Vos dirigeants portent encore le traumatisme de la Seconde Guerre mondiale, de la colonisation, et vous préférez fermer les yeux sur la montée de l'islamisme extrémiste, du fanatisme. Mais vous n'en êtes qu'au début. Vous verrez. Ils vont continuer d'agir. Ils vont tuer vos prêtres et brûler vos églises ! C'est ce qu'ils font déjà au sud du Liban contre les chrétiens d'Orient, et pire encore en Syrie, en Irak, en Égypte.

La pluie s'épaissit. Il enfonce sa casquette « I Love Israël » davantage sur son crâne.

– Il faudra vous battre si vous voulez conserver votre identité, vos traditions, ce qui fait de vous un pays qu'on a admiré pendant des siècles. En Europe, vous croyez qu'on se bat par plaisir de combattre ? Combattre n'est jamais un plaisir. Pour personne. Tout ce que nous faisons, c'est nous défendre. Défendre ce que nous avons construit. Défendre ce que nous sommes. Défendre nos enfants. Et puis regarde. Un fait. Tout est sec et aride là-bas. Ils ne cultivent rien. Rien ! Contrairement à nous. Pas de champs, pas de vergers, pas de vignes. Tu peux même voir la différence sur *Google Earth* ! C'est net. Brutal. Chez nous, tout est vert. Chez eux, c'est jaune. Ils se foutent de leur terre !

Sa remarque me fige. Il énonce à voix haute, de surcroît à une inconnue, ce qui parfois en France se chuchote entre les murs. Ancien officier de gendarmerie, je fus confrontée à la réalité de la situation en matière de sécurité, qui surpasse de loin ce qui filtre dans les médias et ce, bien avant les attentats de 2015. En 2005, à 24 ans, j'étais en poste à Roubaix. On parlait déjà de la montée inquiétante de l'islamisme extrémiste. Un rapport de renseignements avait atterri entre mes mains. Une de ses phrases s'était incrustée dans ma mémoire, comme un implant : « Nous sommes là pour conquérir la France, par tous les moyens. » On fermait les yeux, me dit Aviv. J'étais allée plus loin. J'avais démissionné.

Sept années après ce rapport, je me lançais dans la conquête de mes rêves, préférant la toundra aux braquages, l'Himalaya aux agressions, les bouddhistes aux extrémistes. La beauté de la nature et la bonté des personnes rencontrées, le silence et la solitude, la marche et la méditation eurent raison de la noirceur dans laquelle j'ai trempé. Mais à chacun de mes retours en France, je m'y trouve de nouveau confrontée. Dure loi de la vie en société. Jalousie. Hypocrisie. Perfidie. Médisance. Soif de pouvoir, d'avoir plus que les autres, d'être plus que les autres. Cela dépasse la spécificité religieuse. C'est le propre de l'homme. L'homme est un loup pour l'homme, dit Hobbes. J'ai plus de respect pour le loup ou encore le chacal qui, s'ils tuent, le font par nécessité de vivre et survivre. L'homme n'est qu'un homme pour l'homme, une plaie pour lui-même. Une peste pour le monde. Il assassine sa propre humanité.

Notre visite continue le long de sculptures, plus ou moins évocatrices : ici une longue mosaïque noire, représentant une coulée de lave, là-bas, un oiseau métallique suspendu sur un poteau, plus loin, un tas de photos en noir et blanc imprimées sur des cubes, inclinés dans toutes les directions.

– On aime donner la parole aux artistes ! me dit Aviv. Personnellement, je ne vois pas comment ils ont de telles idées, mais si eux voient, c'est le principal !

Jusqu'à ce banc vide, tourné vers la forêt.

– C'est en mémoire de l'une de nos enfants. C'est comme ça qu'on appelle les membres de notre kibboutz. Elle est née et a grandi ici. Elle avait 24 ans quand elle est morte dans un attentat, à Jérusalem. On a mis ce banc car elle avait l'habitude de passer des heures ici, pour regarder le paysage. C'était une fille de la nature… comme toi.

À l'âge où elle mourait, je tenais le fameux rapport entre mes mains. Nous découvrions la réalité du terrain de deux manières. La différence, c'est que quelques feuilles de papier n'avaient jamais tué personne.

Je rentre dans ma chambre. J'ai mal au ventre. Ma gorge se serre, mes poumons manquent d'air. Mon cœur se rétrécit sous mes côtes. Je m'allonge, replie mes jambes contre ma poitrine, tente de contrôler ma respiration. Quel est le bien ? Quel est le mal ? Qui sont les bons ? Qui sont les méchants ? Le manichéisme est illusion, une réalité créée par la fiction. Je me blottis davantage contre moi-même. J'aimerais m'enfouir dans une chrysalide pour échapper à ce qui me divise, à ce qui divise le monde, à l'impitoyable réalité. Je sombre dans des profondeurs sans échos, sans images ni lueurs. De nouveau, je me sens perdue.

2

Dieu

2 janvier, de Nahal Dishon à Tzfat

Sérénité de l'aube. Le ciel est vide, vaste, ouvert comme un abîme béant. Mon esprit s'aère à le respirer. Un vent frais secoue les arbres. Des gouttes d'eau tombent une à une. Elles se sacrifient à la terre. Je dépasse une barrière grisonnante qui protège une tombe aux couleurs du ciel, un bleu clair, pur et lumineux. Le prophète Isaïe – Yeshayahu en hébreu – serait enterré ici. Il aurait vécu au VIIIe siècle avant notre ère, le temps des royaumes d'Israël et de Juda, celui des douze tribus d'Israélites. Autour de sa tombe, tout est calme. Des cyclamens se déploient dans une profonde délicatesse. La demeure des morts est toujours pleine de paix.

La vieille forêt de Baram m'entoure de ses bras humides et sombres, si sombres qu'il en fait presque nuit. La mousse verte et épaisse étouffe le bruit de mes pas. Le sol ondule autour des glands, des pierres, des grosses racines. Ma respiration se mêle à celle des arbres, serrés les uns contre les autres. Ma peau frémit au contact de leur souffle. Un vaste silence court entre les branches. Même le vent se tait, prosterné devant l'âge de la forêt.

L'époque d'Isaïe me hante. Des images des douze tribus suintent du chemin, comme si marcher sur leurs anciens royaumes me liait à leur passé. Si les douze tribus connurent toutes l'exil suite à l'invasion des Assyriens puis des Babyloniens, seules les deux qui peuplaient le royaume de Juda sont revenues sur ces terres. Elles donnèrent naissance aux juifs. Les dix autres tribus se sont dispersées dans différents coins du monde. L'incertitude qui plane sur leur devenir leur vaut le nom des dix tribus perdues, égarées.

Leur destin gravite autour de mes pensées. Il y a là une énigme. J'ai toujours aimé les énigmes. Elles sont la marque de l'inconnu, d'un code à décrypter, une voie à explorer. En s'en nourrissant, la vie me paraît moins absurde. Elle se gorge du jus sucré du mystère, un fruit où je mords sans hésiter. Son nectar coule dans mes veines, irrigue mon esprit. Comment l'identité résistait-elle à l'exil, aux épreuves du temps ? Je me sais façonnée par ma naissance, l'héritage du sang et de la terre, par mon éducation, ma culture. Mais plus je voyage, plus je me dilue dans la diversité, plus mon héritage s'éloigne, s'altère, comme s'il n'était plus vraiment le mien, comme si mes expériences le précipitaient dans la fosse de l'oubli. Si l'exil est un long voyage, il arrive un temps où le voyage devient exil.

Deux antilopes fuient derrière des chênes. Des gerbes de lumière s'infiltrent entre les feuilles. Le ciel bleu se précipite sur moi. J'abandonne mon cocon végétal pour un puits de clarté. Une caisse en bois est posée sur le bord du chemin, peinte aux couleurs du Shvil. J'ouvre le loquet, soulève le couvercle. Une vingtaine de livres se tiennent côte à côte. Leurs dos colorés, imprimés de titres hébreux, sont tournés vers moi. J'en saisis un. Je veux lire la couverture. J'ai devant les yeux la quatrième de couverture.

Implacable force de l'habitude. J'ai oublié que l'hébreu se lisait de droite à gauche, et que les livres se lisaient aussi dans l'autre sens. Ce qui est la fin pour nous est un début pour eux. Ce qui est la fin pour eux est un début pour nous.

Le sens de l'écriture est déjà la marque d'une scission. D'un côté, il y a eu les scribes d'Égypte. Assis à même le sol, ils écrivaient sur des rouleaux de papyrus de plusieurs mètres de long, qu'ils tenaient dépliés avec leur main gauche. De leur main droite, il leur fut plus aisé d'écrire de la droite vers la gauche. Ce choix passa des Égyptiens aux Hébreux, aux Araméens puis aux Arabes.

De l'autre, il y a eu les scribes de Mésopotamie, qui eux, n'écrivaient pas assis mais debout, sur des tablettes rigides qu'ils faisaient reposer sur leur avant-bras et qu'ils creusaient à l'aide de poinçons. Alors qu'ils écrivaient en colonne, de haut en bas, ils se mirent naturellement à écrire à l'horizontale, de la gauche vers la droite. Cette technique fut transmise aux Phéniciens puis aux Grecs et aux Romains.

Le sens de l'écriture est né des contraintes, de la volonté de ne pas endommager les signes déjà tracés. Qu'adviendrait-il si nous rassemblions la logique de ces deux écritures ? Nulle fin. Nul début. Une roue, une écriture-cercle qu'on ne commencerait jamais et qu'on ne finirait jamais. L'éternité. Est-ce là la véritable histoire de nos vies ?

Seule l'abstraction nous permet de saisir l'intangible notion d'éternité. Elle exige un effort de l'esprit. Peut-être est-ce cette raison qui pousse certains à réduire la vie à un corps qui naît puis meurt et qui, entre deux, fonctionne plus ou moins bien. Ligotés à la loi du visible, ils se ferment aux autres mondes, les mondes des rêves, de l'intuition et de la foi, de l'infini, l'inconnu. S'ils limitent, il me plaît d'illimiter.

Je retourne le livre. Un couple s'embrasse au clair de lune. Une romance. J'imagine qu'il a été déposé par un marcheur se débattant avec sa solitude, et se lançant sur le chemin à la recherche de l'amour. Je m'assieds avec l'envie de lire le livre que j'ai emporté. Comme avant chaque voyage, le charme et la magie des rayons d'une librairie ont agi afin qu'un livre me guide vers lui.

En Sibérie, je suis tombée sur *Éloge des voyages insensés*. En Alaska, sur *La Sagesse aléoute*. Dans l'Himalaya, sur *L'Art de la méditation*. Cette fois-ci, ce fut *Le Kabbaliste*.

La kabbale est la mystique juive qui se rapporte à la tradition ésotérique du judaïsme. Elle s'attache à en extraire le sens caché, symbolique, afin de comprendre les principes et les forces qui nous influencent, de l'intérieur. C'est précisément ce qui m'intéresse en elle. Certains juifs déconseillent l'étude de la kabbale avant l'âge de 40 ans, la puissance de ses secrets ne devant pas tomber dans les mains de l'ignorance ou pis, de la malfaisance. Il serait nécessaire d'avoir eu au préalable un parcours de vie solide ainsi que des bases spirituelles puisées dans la Torah, la Loi écrite qui se rattache à Moïse, pilier de la foi et de l'identité juive, ainsi que du Talmud, la Loi orale qui rassemble les commentaires des rabbins à propos de la Torah. J'ai 37 ans. Je n'ai étudié ni le Talmud, ni la Torah. Je me fie à mon expérience de vie.

Mes mains enveloppent mon livre. Je ferme les yeux, le rapproche de ma poitrine et murmure : « Dis-moi ce que ce voyage va m'apporter. » Je me concentre. Je l'ouvre au hasard. Je lis.

« Éhyéh acher éhyéh. » Éhyéh est la première personne du verbe être à l'inaccompli, que l'on traduit en français par le futur simple : « Je serai qui je serai. » Le nom que Dieu se donne affirme non une personne, mais un mode d'être : l'être inaccompli,

l'être en devenir, l'être indéterminé, indéterminant, est divin, il libère du déterminisme. « Je serai le commencement de l'avenir… Je serai sera toujours le commencement de ton avenir, quelles que soient les circonstances… »

Les mots me frappent. Je me recule. Un être en devenir permanent. *Éhyéh acher éhyéh. Je serai qui je serai.* L'essentiel n'est pas de se définir comme une personne au temps présent mais une personne en devenir. C'est si vrai !

J'emporte ce *Éhyéh acher éhyéh* avec moi, le récite comme un nouveau mantra. Se libérer du déterminisme. S'indéterminer. Et devenir. N'est-ce pas ce que le voyage-exil apporte ? À la lumière de la kabbale, ce qui peut paraître comme un dur coup du sort, du destin, se transforme en une mission, un acte de l'esprit à accomplir. *Éhyéh acher éhyéh.* Être et ne plus être. Pour être à nouveau. Et devenir. Je ne serai véritablement qu'en devenant, sans cesse. Et je le serai d'autant plus en m'exilant de moi-même, en oubliant que je suis.

Le chemin se raidit. Je m'approche du sommet du mont Méron. Les épines et les feuilles des arbustes me frôlent. Des gouttes de rosée se déposent contre mes bras. Pour la première fois, je vois d'autres traces de pas sur le sol humide. Des cris et des rires surgissent de la végétation. Un groupe d'adolescents me croise. Des yeux et des peaux de toutes les couleurs me lancent des *Shalom*.

J'arrive au sommet, qui n'en est pas vraiment un. Les antennes d'une base militaire de surveillance aérienne bourdonnent au-dessus de ma tête. De petites collines ternies par un voile de brume courbent la vallée. Rien de vertigineux. Je m'en veux de me raccrocher à mes souvenirs d'immensité. Comment exiger de ce mont haut de 1 200 mètres qu'il m'offre le même étourdissement que l'Himalaya ? Éclaboussures du passé sur le futur, mes attentes émoussent le présent. Oublie ce que tu as vécu... Vis l'instant où tu deviens !

Le versant sud est rempli de soleil, plus vaste et dégagé. Ouvert. Je vais et viens de part et d'autre du chemin. Je m'allonge sur l'herbe. Les oliviers m'entourent. Je palpe le sol. Il est doux, légèrement humide. J'en profite pour appeler des anges du chemin. Aucun ne répond. Une invitation à improviser.

Dans la descente, j'entonne une chanson de Brel. *Moi je t'offrirai des perles de pluie venues de pays où il ne pleut pas...* Je serpente entre les fourrés, arrive sur un replat, tombe nez à nez avec deux paires d'yeux qui s'écarquillent devant ma soudaine irruption. Les visages des deux hommes sont rehaussés de chapeaux noirs et ronds, encadrés par de longues spirales de cheveux, et se terminent par une épaisse barbe noire, suspendue sur une chemise blanche. Deux ultra-orthodoxes, des *Haredim*, « ceux qui craignent

Dieu ». Ils sont droits comme des piquets, en plein milieu de la nature en désordre. Je souris.

– Vous faites le Shvil ? me demandent-ils.

Ils me montrent un roc haut de plusieurs mètres, massif, suspendu au-dessus du vide.

– On appelle ce roc la chaise d'Elijah.

– Elijah ?

– Oui, un prophète qui doit annoncer la venue du Messie.

– Mais… si ce prophète est mort… il est donc supposé revenir ?

– Oui !

– Et donc, vous attendez la venue du Messie ?

– Bien sûr !

Le peuple juif est un peuple en attente. Les deux *Haredim* s'amusent de mon air dubitatif. Ils reprennent :

– Vous qui venez de là-haut, pouvez-vous nous donner un conseil sur le chemin le plus court à poursuivre ? Nous hésitons à monter, ou à redescendre.

– C'est plus raisonnable de redescendre. Il va bientôt faire nuit. Vous pourrez vous arrêter à Méron pour la nuit. C'est là où je vais aussi.

Je les laisse derrière moi. Leurs rires me suivent. Malgré leurs longs manteaux noirs inadaptés à la marche, il faut croire qu'ils y prennent autant de plaisir que moi. Ainsi la nature a-t-elle le pouvoir de nous relier, malgré les différences.

J'arrive à l'intersection avec la route qui mène au moshav Meron. Je la traverse, m'appuie contre la rambarde de sécurité, tends la main.

Une voiture s'arrête dans l'instant. La fenêtre côté passager se baisse sur le visage d'une jolie fille. Teint lissé, lèvres maquillées, cils recourbés. Je me penche vers elle :

– Bonjour, je fais le Shvil. J'aimerais me rendre à Méron. Vous allez par là ?

– Non, nous allons à Tzfat, c'est un peu plus loin que Méron…

– … mais si tu me permets, ça vaut le coup d'y aller ! reprend son ami, au volant de la voiture.

La veille, la ville de Tzfat s'est détachée de ma carte. En marge du chemin, je n'avais pas prévu de m'y arrêter. Voici qu'elle revient à moi.

– Ok ! Je viens !

Je pousse mon sac sur la banquette arrière, m'assieds à côté. La voiture démarre. Elle s'engage sur une route qui monte puis s'enroule autour des montagnes du nord de la Galilée. Tout à l'intérieur sent le propre et l'impeccable, en premier lieu, le jeune couple.

– Je suis désolée pour mon odeur. J'ai marché toute la journée, dis-je

– Ne t'inquiète pas. Ce n'est pas un problème. Tu viens d'où comme ça ? Personne ne fait le Shvil à cette époque de l'année !

– De France.

– Ah c'est drôle, me dit la fille, on se demandait juste si on n'allait pas partir en France cet été !

– Oui ! Quelle coïncidence ! reprend son ami. Et sinon, pour Tzfat, si tu cherches un endroit où dormir, on a le numéro d'une dame qui loue des chambres dans la vieille ville. Sharon. Je suis certain qu'elle aura de la place.

Ils me déposent aux portes du centre-ville. J'appelle Sharon. Deux sonneries. Elle décroche : « Mais bien sûr que tu peux venir ! Tu sais où se trouve la vieille ville ? Non ? Tu es à la station-service ? Elle est jaune ? Eh bien ce n'est pas loin. Remonte la rue de Jérusalem, après un virage, tu vas passer sous un petit pont, et tu verras la vieille ville, plus bas. Une fois que tu y es, rappelle-moi, je viendrai te chercher. »

J'arrive au-dessus de la vieille ville. Une lumière cuivrée, flamboyante, se plaque contre mon visage. Telle une coulée de lave, elle se glisse entre deux bâtiments et remonte la rue jusqu'à moi. Mon corps se redresse. Je cours dans sa direction, dévale des escaliers, m'élance à travers les ruelles étroites, entre les maisons en pierres dorées, tout droit, à droite, puis à gauche, et m'arrête sur le bord d'une plateforme qui surplombe la vallée. Face à moi, un ciel en feu. Le soleil se retire derrière les courbes du mont Méron. Les nuages s'empilent à sa verticale. Des strates or et corail se fondent l'un dans l'autre, se meuvent avec suavité. Ils m'offrent un spectacle vivant.

Quelques heures auparavant, le mont Méron me décevait. Désormais, il m'incendie. D'ici, tout prend une autre dimension, plus aérienne, presque irréelle. La vieille ville ondule sous le crépuscule. Elle vibre et je vibre avec elle. Je vole avec elle.

J'aime déjà Tzfat.

3 janvier, Tzfat

Dehors, c'est la tempête. Je suis blottie sous une lourde couette. Elle sent bon. J'écoute le rugissement de l'eau, je me repose, me ressource.

L'après-midi arrive. J'ai faim. J'enfile ma doudoune et sors. Des ruisseaux ont envahi les ruelles de la vieille ville. L'eau recouvre les pavés comme une seconde peau. Sur une petite place, quelques échoppes sont ouvertes. Je m'achète un sandwich aux falafels. « Tout est fait maison, ici », me dit le gars. « Tu ne trouveras pas mieux en Israël. Et le pain est sans gluten ! » Il trempe une cuillère dans la pâte épaisse de pois chiches et fait tomber les boules dans l'huile de friture. Elle bouillonne. La fumée enveloppe son visage.

– Tu es française ?

– Comment vous le savez ?

– À ton accent !

Il rit.

– J'adore ton accent. *I want eu sandwicheu*... En tout cas, bienvenue à Tzfat ! Tu sais qu'elle porte plein de noms cette ville ? Tzfat, Safed, Zefad, Tsfat, Tzfas, Tsfas, Zfat, Zefat, Zefas, Zfas, Zfad... C'est ça, Tzfat ! La ville aux mille noms ! On n'en fait jamais le tour ! Mais c'est surtout l'une des quatre villes sacrées !

– Sacrées ?

– Oui ! Dans le judaïsme, tu as quatre villes sacrées. Chacune est associée à un élément. Tzfat, c'est l'air. Respire et tu verras ! L'air est pur ici !

Ensuite, tu as Tibériade, l'eau. Jérusalem, le feu. Et Hébron, la terre. Mais entre toi et moi, c'est ici qu'on est le mieux. Tzfat, c'est magique ! J'y ai mis les pieds il y a vingt ans, et je n'ai jamais pu la quitter. C'est ça d'être au cœur de la kabbale !

Je prends mon sandwich. Il me réchauffe les mains. Je m'éloigne. « Au cœur de la kabbale... », je murmure. Tzfat a en effet connu un afflux important de juifs venus d'Afrique du nord mais surtout d'Espagne, suite à leur expulsion de 1492, décrétée par Isabelle de Castille et Ferdinand d'Aragon, pendant l'Inquisition. C'est ainsi que de nombreux sages et kabbalistes s'y réfugièrent, attirés par l'énergie des lieux. Certains érudits devinrent particulièrement influents comme Rabbi Moïse Cordovero dit le Ramak, ou Rabbi Isaac Louria Ashkénazi, dit Arizal. Depuis, Tzfat est reconnue comme le centre de la mystique juive.

La pluie me fouette le visage. Je trouve une ruelle couverte. Des galeries d'artistes s'alignent le long des pavés. La lumière blanche m'éblouit. Les vitrines défilent devant moi. Elles exposent des ménorahs, grandes ou petites, des mezouzahs en bois ou en céramique, sculptées ou épurées, des pendentifs en forme de *hamsa*, ou main de Fatima, en or, en argent, en toc, certaines serties de pierres précieuses, et des dizaines, des centaines de tableaux. Il y a des peintures abstraites, des portraits d'un Einstein fou tirant la langue, des *Haredim* en fête, qui se tiennent la main et dansent en ronde dans la nature, et il y a ces cercles parfaits, où les caractères hébreux s'enroulent autour de couleurs vives ou pastel. L'harmonie des nuances, des formes, des détails qui se superposent et se concentrent à l'intérieur d'un seul et même cercle, m'hypnotise. Des mandalas, je pense. La ressemblance est frappante.

J'entre dans la boutique. Un homme est assis au fond. Il porte la barbe et un béret sur la tête. Il me sourit.

– C'est vous l'artiste ?

– C'est moi.

– Vos tableaux me font penser aux mandalas tibétains. Vous vous en inspirez ?

– Bien vu ! Je suis américain d'origine et je me suis installé ici à la fin des années 1970. En parallèle du judaïsme, j'ai étudié l'art oriental et je pratique aussi la méditation. J'associe la forme des mandalas aux concepts de la kabbale. Le cercle est une forme universelle ! Tu es juive ?

– Non. Je découvre Israël, et tout ce qui va avec. À part des généralités, je ne connais rien au judaïsme, ni à la kabbale.

– Et pourquoi Israël ?

– Un peu étrange. J'ai eu une vision. Et ça m'a amenée ici. Je sais, ça peut paraître fou. Mais peut-être que c'est juste moi qui suis folle !

– Folle ? Bien sûr que non ! C'est normal ici. Ce genre de choses, ça arrive à plein de personnes qui viennent en Israël ! J'ai un ami qui était originaire du Chili. Pareil. Une vision. Il est venu ici. Et ça fait cinq ans qu'il étudie la kabbale à Tzfat. J'ai peu de temps là, mais je peux t'expliquer ça alors.

Il se lève et se dirige vers un de ses tableaux.

– C'est le premier mandala que j'ai réalisé. Je l'ai appelé le verger de la Torah. Pourquoi ? Parce que la Torah est parfois appelée verger, *Pardès*, en hébreu. Elle est comme un verger. C'est un lieu où l'on récolte les fruits ! Les fruits de la connaissance, mais aussi les fruits de ses pensées. Plus on y pénètre, plus le fruit est sucré. C'est de ce mot hébreu *Pardès* que dérive le mot « paradis », le jardin d'Éden.

Sa main me désigne les quatre cercles concentriques qui composent son mandala, eux-mêmes composés d'autres cercles colorés. Son regard se charge de magnétisme.

– J'ai peint ces quatre cercles principaux pour représenter les quatre niveaux de lecture de la Torah. Le cercle extérieur, c'est le 1er niveau. Il est appelé Pshat, c'est le niveau littéral, le plus concret, apparent, le sens premier qu'on donne aux récits des Écritures. On l'associe au corps. Le 2e niveau, c'est Remez, le niveau symbolique, des signes, des allégories, c'est le sens que l'on trouve par allusion, celui de la Michna. On l'associe au cœur. Le 3e, c'est Drash, le niveau homilétique, dont le sens découle de la recherche, celui du Talmud, et qui est associé à l'esprit. Enfin, le cercle au centre même du mandala, c'est le 4e niveau, le dernier. C'est Sode, le niveau ésotérique, où l'on trouve le sens le plus secret, celui de la kabbale. On l'associe à l'âme.

Il se tourne vers moi, remet son béret en place, puis reprend :

– Corps. Cœur. Esprit. Âme. Quatre niveaux de lecture. Quatre niveaux de compréhension. L'enjeu est de passer du corps au cœur, du cœur à l'esprit, de l'esprit à l'âme. Et ce sont quatre éléments indissociables, qui nous composent tous. À nous d'apprendre à les développer, les relier les uns aux autres. Nos sociétés tendent à diviser. Or, il faut comprendre que tout autour de nous, en nous, n'est qu'unité. Tout est lié.

Il revient sur son tableau.

– Au centre, j'ai dessiné l'arbre de vie, qui représente le Zohar, le texte principal de la kabbale. Autour, on a donc les quatre cercles : Pshat Remez Drash Sode. En reprenant la première lettre de ces quatre mots, on obtient l'acronyme PRDS, et on retrouve le mot PaRDèS. Ce qu'il faut retenir, et c'est le but de ce mandala, c'est que la profondeur et la richesse de la Torah dépassent le texte seul. Il faut s'appuyer sur le texte, qui est fondamental bien sûr, mais aussi apprendre à s'en détacher, le questionner sans cesse, pour en percevoir les secrets. C'est aussi pour cette raison que l'hébreu est une écriture sans voyelles : en gardant une part d'invisible, elle permet la réinterprétation. Cela n'est pas donné à tout le monde de saisir tout ça. Il faut être prêt. C'est un travail d'initiation.

À mesure qu'il avance dans ses explications, le mandala s'anime. Ses quatre cercles concentriques ne sont plus figés les uns dans les autres.

Ils se mettent en mouvement puis tournent lentement les uns autour des autres. Les couleurs et les formes s'estompent pour laisser place au message que le peintre vient de me transmettre. Le verger prend vie. Les caractères hébraïques se mettent à danser, les dessins, à voler. Je garde les yeux rivés sur le cœur du mandala. L'arbre de vie brûle en son centre.

– Pourquoi ces flammes autour de l'arbre ?

– Nous, les kabbalistes, accordons une place essentielle au rabbin qui a rédigé le Zohar, le livre majeur de la kabbale, comme je te l'ai dit. C'est le rabbin Shimon Bar Yochai. Il a vécu il y a environ deux mille ans et est enterré sur le mont Méron. J'ai voulu le représenter lui et quatre de ses saints étudiants en train de manger le fruit de cet arbre et de recevoir les mystères de la Torah. Le feu est un feu sacré. Ils sont éclairés, illuminés, et brillent parce qu'ils sont immergés dans la composition de ce livre, le Zohar, et parce que la permission leur a été accordée de révéler les secrets de la Torah.

– Accordée ? Mais par qui ?

– Par Dieu évidemment !

Mes yeux s'agrandissent.

– Tu n'y crois pas ?

– Je me suis beaucoup concentrée sur le bouddhisme ces dernières années. Au-delà de la religion, c'est leur philosophie qui m'a attirée. Il y a beaucoup de principes chez eux qui ont répondu aux questions que je me posais à l'époque. Ils ne croient pas en Dieu. Du coup, Dieu s'est un peu... échappé.

Il prend un air sérieux.

– Je connais aussi le bouddhisme. Et il y a beaucoup de choses en commun avec la kabbale. Le bouddhisme est comme tu le dis une belle philosophie. Mais voilà, ils leur manquent Dieu.

Il doit partir. Nous sortons de sa galerie. Je retrouve les pavés et l'humidité. Je continue de flâner dans la vieille ville. Des *Haredim* au teint blafard, diaphane, marchent d'un pas précipité. La tête baissée, le regard fixe, rien ne semble pouvoir les perturber. Je sillonne le quartier de venelle en ruelle, de ruelle en venelle. Malgré la grisaille, les pierres me renvoient une douce lumière. Tzfat regorge de secrets. Comme la Torah. Contre un mur, des pièces de céramique reproduisent une roue astrologique. Là, un jardin se livre à la nature. Une vigne sauvage escalade une arche. Les branches d'un citronnier s'inclinent et laissent pendre quelques fruits à l'écorce jaune et épaisse, qui contiennent tout l'espoir du printemps. Les portails métalliques bleu ciel s'entrouvrent sur des petites cours où se dresse parfois un figuier. Je descends un escalier. Plus bas, des tombes blanc et bleu ciel se détachent entre la végétation. Derrière, le mont Méron se perd sous les nuages moutonneux. J'inspire l'air pur de Tzfat.

Quelle était la probabilité pour que je tombe sur un livre sur la kabbale, l'ouvre à l'endroit où l'un de ses fondateurs a été enterré, et parvienne dans la ville qui l'incarne ? Nulle. Cela fait un moment que je ne crois plus au hasard. Je pense à une signification du hasard, sur laquelle je suis tombée avant mon départ, un sens que le hasard se donne de lui-même, selon une approche de la sémantique... kabbaliste. Comme vient de me l'exposer le peintre, le mot est considéré par les kabbalistes comme une forme de matière brute qu'il convient d'observer, de disséquer, modeler, creuser, retourner, ou encore mesurer numériquement pour le libérer de son sens premier. En jaillissent des éclairages nouveaux sur ce qu'il désigne initialement.

Le hasard se dit *miqré* en hébreu : מקרה. En permutant ces lettres, on obtient trois anagrammes. Tout d'abord, מהי-רק, qui se traduit par « Seulement de Dieu », puis מקור-הי : « Dieu est la source », et enfin, רוקם-הי : « Dieu brode ». Autrement dit, Dieu siège au cœur du hasard. Ce constat m'a d'autant plus interpellée qu'il rejoint ce que peut en dire Théophile Gautier : « Le hasard, c'est peut-être le pseudonyme de Dieu quand il ne veut pas signer » ou encore Albert Einstein : « Le hasard, c'est Dieu qui voyage incognito. »

Dieu.

Le nom s'échappe de moi. Il m'est étrange de le dire. Il m'est étrange de l'entendre. J'ai pourtant grandi avec lui à mes côtés, le priant tous les soirs avec mes mots d'enfant. Ma grand-mère paternelle, fervente catholique, pour ne pas dire féroce, m'a transmis très tôt la foi en Dieu ainsi que les fondements de sa religion. Ma mère, indonésienne et musulmane, ne s'y est pas opposée. En suivant mon père jusqu'en France, elle a tenu à s'ouvrir aux traditions du pays qui l'adoptait.

Baptême, communion, confirmation, retraite spirituelle. J'ai franchi toutes les étapes que cela impliquait, jusqu'au mariage en grande pompe à l'église que, cinq années plus tard, je brisais. « Ô sacrilège ! » se serait exclamée ma grand-mère si elle avait vécu jusque-là. Longtemps, j'ai donc cru en Dieu. Je préférais toutefois mes promenades solitaires dans la campagne aux sermons inintelligibles du dimanche matin, dans une église obscure, où un christ déchiré par la souffrance m'observait tandis que la chaleur des radiateurs rougeoyants ne parvenait pas à m'atteindre. « Mémé, pourquoi ils sont si haut les chauffages ? Il fait trop froid ! » J'adorais toutefois m'évader des heures durant dans la Bible, où je dévorais des aventures qui me captivaient. Le pouvoir des histoires, couplées à ce Dieu mystérieux, que je sentais omniprésent, autour de moi, au-dessus de moi, m'accompagnait jusque dans mes rêves. Et lorsque au seuil de ma dixième année, je fus confrontée à la violence et la haine qui séparèrent mes parents, c'était lui que je priais. « Mon Dieu, s'il te plaît, je n'en peux plus de cette vie. Emmène-moi avec toi. » À défaut de m'emporter, il m'a enseigné le courage.

Le courage de croire en la joie.

4 janvier, Nahal Amud

La pluie. Le vent. Le froid. Au fond du canyon, la rivière enfle à vue d'œil. Elle est brune, épaisse, chargée de terre. Elle rugit. Je vais là où elle me mène. Je la traverse. Ses eaux se hissent jusqu'à mes cuisses, son courant me tire de ses bras puissants. Je vacille, lutte pour maintenir mon équilibre. Je rejoins la berge. L'eau me perce les os. Je poursuis ma descente. Le ciel gronde derrière moi. Des éclairs veinent les nuages jusqu'à les faire briller d'une lumière phosphorescente. Je pénètre dans un long tunnel cylindrique. Le tonnerre roule autour de moi, les parois vibrent, des flaques se forment sous mes pas.

De l'autre côté, un grand-père et une petite fille se tiennent debout, serrés l'un contre l'autre, sous un large parapluie. Ils rient. Ils me font signe.

– Nous sommes venus voir la rivière ! La pluie est arrivée ! Enfin ! Et la rivière gonfle, elle gonfle ! C'est une si belle journée ! Tu as raison de marcher !

5 janvier, mer de Galilée

Une blancheur immaculée nous recouvre. Il me regarde, allongé à mes côtés. Ses yeux ne sont pas vraiment des yeux. Son visage n'est pas vraiment un visage. Son corps n'est pas vraiment un corps. Tout n'est que vibrations, énergie, ombre et lumière, lumière et ombre. Il me tend la main. Je tends la mienne. Elle se fond lentement dans la sienne. Sa peau est douce comme du miel, tiède comme le lait maternel. La sensation remonte le long de mon bras, mon épaule, le creux de mon cou. Elle inonde ma poitrine, emplit mes poumons, s'infiltre au sein de chacune des cellules de mon corps. Je ne suis plus que tendre chaleur, feu apaisé, lionne apprivoisée. Je respire comme il respire. Je frémis comme il frémit. Je l'aime comme il m'aime. Je ne fais plus qu'un avec lui. La sensation se renforce, s'intensifie. Mon cœur s'emballe. Il frappe de plus en plus fort contre ma poitrine, comme s'il voulait s'échapper. Un vertige me saisit. J'ouvre les yeux, me redresse brutalement. J'ai le souffle coupé.

Je suis dans une chambre aux murs blancs, aux rideaux blancs, dans un lit aux draps blancs, seule. Je soulève ma main, l'observe sous tous les angles, la pose contre le drap, le caresse. Il est rêche, rugueux. Je scrute la chambre, ses bords, ses recoins. Elle est vide. Une lumière ambrée ondoie sur le plafond. C'est l'aube. Je saute dans mes vêtements, ouvre grand les rideaux. Je plisse les yeux. La clarté m'éblouit. Le ciel est bleu, pur. J'ouvre la porte-fenêtre. Je cours pieds nus sur la pelouse de l'hôtel, la terre, puis sautille sur les roches noires et arrondies, poreuses comme de la lave. Je m'assieds au bord de la mer de Galilée. Le soleil est suspendu face à moi, posé sur le silence des cimes du Golan. J'ai l'impression que je me suis levée pour lui et qu'il se lève pour moi. Un chemin doré enflamme l'échine du lac. Il scintille jusqu'à moi. Les vagues murmurent un lent adagio.

Je m'installe en tailleur sur l'une des roches noires, volcaniques. Elle est tiède et humide. Je ferme les yeux. Je médite. Mon songe me retrouve. Je revois l'être allongé à mes côtés. Je ressens de nouveau ses vibrations, sa grâce, sa puissance, sa féminité, sa virilité. Je n'ai pas envie de le quitter. Qui es-tu ? Une fine mélodie d'accordéon se répand dans les airs. Elle se mêle au bruissement de l'eau. Des voix s'élèvent, légères, vaporeuses, presque insaisissables. Je remonte la berge. Au pied d'une croix, des pèlerins catholiques entourent un prêtre qui ouvre et referme paisiblement les soufflets d'un accordéon. Livret de prières entre les mains, les pèlerins poursuivent leur chant. Le chant des anges, je pense. Je m'installe sur un rocher. Le soleil continue son ascension au-dessus d'eux, au-dessus de la croix, au-dessus du lac. Mon corps se remplit d'amour. Ma gorge se resserre. Des larmes me viennent aux paupières. Elles glissent le long de mes joues. Je pleure pour de bon. Je ne comprends pas. Je ne comprends plus. Je pense à Dieu. Je m'en veux soudain de l'avoir oublié, d'avoir ignoré son existence pendant toutes ces années. En lui préférant les notions de nature et d'Univers, j'ai enterré son nom en même temps que la croix que je portais. Il me revient malgré moi. Ça me trouble. Je ne suis pas partie pour ça. Je suis partie pour ce chemin, pour marcher, pour rencontrer ce bout de terre du Moyen-Orient qui enfièvre les esprits, de la même façon que j'ai rencontré la Sibérie, l'Alaska, l'Himalaya. Et voilà que je me débats avec mon cœur, mes croyances.

J'écrase mes larmes du revers de ma main. Je m'éloigne des pèlerins. J'ai peur. Cette peur est différente de celle qui m'a saisie lorsque les chacals me poursuivaient. Elle est plus pesante, massive, accablante. Elle ne repose pas sur le seul instinct de survie, qui use de la peur pour que nos sens s'affûtent, nous rendant plus alertes à la menace. Cette peur est celle du changement. Il grogne, souterrain, se fraye une place en moi, m'empoigne, me sculpte de l'intérieur, m'insuffle de nouveaux doutes. Je ne m'y sens pas préparée.

Je retourne auprès du lac. Sa quiétude me rassure, me console. Le lent mouvement de ses vagues m'appelle à renouer avec le mien. Le mouvement, œuvre des éléments, du temps, œuvre de la volonté également. Je pars de l'hôtel, m'écarte du tracé du Shvil et marche sur le bord de la route, vers le mont des Béatitudes. Un marcheur me rattrape. Sa barbe est aussi grise que ses cheveux.

– Tu fais le chemin de Jésus ? me demande-t-il.

– Non, le Shvil.

– C'est quoi ce chemin ? Un pèlerinage ?

– Je ne sais pas ce que tu qualifies de pèlerinage, mais en tout cas, c'est un chemin qui traverse Israël du nord au sud.

– Moi, je suis les traces de Jésus. Le Jesus Trail ! Je suis parti de Nazareth il y a dix jours, j'ai déposé le gros de mes affaires à Tibériade, et aujourd'hui, je vais jusqu'au mont des Béatitudes, pour finir au Capharnaüm, le village de pêcheurs où a vécu Jésus. J'ai fait le Camino de Santiago deux fois et j'ai trouvé ce chemin, plus méconnu. Je suis un vrai pèlerin ! Tu es partie d'où, toi, ce matin ?

– De Tabgha.

– Ah, tu as dormi là-bas, dans la maison des pèlerins ? Quelle chance. Trop cher pour moi. Tu es donc allée là où Jésus a multiplié les pains et les poissons ? Et où il est apparu ressuscité à Pierre ?

– Tu parles de l'endroit où il y a les deux églises ? Heu… oui.

Je ne lui avoue pas que j'ai vu ces églises de loin – l'église de la multiplication et l'église de la primauté de Pierre – sans avoir eu ni le temps ni l'envie de les visiter.

– Le plus beau, tu sais, ce sont ces berges de roches noires, dis-je. Du basalte. Des pierres volcaniques. Je les adore. Elles ont vraiment quelque chose de spécial. Parce que tu vois ces églises, elles sont jolies mais elles ne sont pas authentiques de l'époque. Tiens, c'est ce que j'ai lu pour l'église de la primauté de Pierre : elle a été construite en 1933 sur des ruines antiques datées du IVe siècle. Je me dis que s'il y a de réels témoins de ce qu'il s'est passé, ce sont les pierres. Elles portent la mémoire de ce qui est.

– Mais tu vas à l'encontre du vrai pèlerinage ! Les églises, c'est la clé ! Moi, là, j'ai hâte de découvrir celle du mont des Béatitudes.

– Eh bien, monsieur le vrai pèlerin, allons ensemble jusqu'au mont des Béatitudes. C'est aussi là où je me rendais.

– D'accord. Au fait, je m'appelle Pietro. Je suis italien. Je viens de Rome.

Pietro, le pèlerin de Rome, me dépasse. Je le suis. Suspendue au dos de son sac rouge, une coquille Saint-Jacques se dandine au rythme de son pas pressé. Elle est la marque de ceux qui ont parcouru le chemin de Compostelle – le Camino de Santiago. Les pèlerins m'ont toujours intriguée. Ils s'obstinent à suivre « les traces de » alors qu'il m'importe d'aller là où personne ne va. Je ne sais pas suivre le chemin des autres. Ils goûtent au sacré que les saints, les prophètes, les sages ont laissé dans leur sillage. Le chemin s'en trouve sublimé. Marcher sur leurs pas, c'est se nourrir de la substance, l'énergie qu'ils ont semée, afin de la trouver en soi-même. Le pèlerinage devient amorce à la quête. Il esquisse une voie en celui qui cherche à tracer la sienne. Voilà peut-être ce qui me rapproche d'eux.

Nous nous élevons au milieu des champs, sur les pentes de la colline où siège l'église des Béatitudes. Nous piétinons la glaise, glissons autant que nous avançons. Le soleil chauffe. Pietro transpire. Il s'énerve.

– Mais c'est quoi cette terre ?

– La *terra rossa* Pietro ! Elle se transforme en glaise à cause de la pluie. Tu dois avoir la même en Italie ! Je l'ai connue il y a quelques jours. Un conseil : ne lutte pas ! Accepte ! Crois-moi, c'est le seul moyen !

Et je ris. Il fixe son regard sur l'Église. Il se remet en route, ne desserre pas les dents, bataille. Quant à moi, je me retourne plusieurs fois sur le lac. Son bleu profond se détache du fond de la vallée. Le soleil lui donne des reflets laiteux, magnétiques. Je rattrape Pietro. La pente s'adoucit. Le bitume apparaît. Nous tapons nos chaussures encrassées contre le sol.

Nous arrivons dans l'enceinte de l'Église. Tout est calme. Les pelouses brillent d'un vert vif, les allées sont joliment fleuries. À l'ombre de palmiers, deux sœurs en robe noire marchent à côté de bougainvilliers fuchsia. L'église tourne le dos au soleil. Elle surplombe le lac. Ses pierres de basalte noir, ses arches blanches et son dôme soulèvent une croix qui s'accroche au ciel.

J'entre dans l'église. Sa blancheur, sa luminosité me séduisent. À la verticale de l'autel et du tabernacle, tout là-haut, une large coupole dorée. En son centre, un rond bleu comme le lac. Un œil géant veille sur nous. Huit vitraux illustrent chacune des béatitudes, écrites en latin. Je les contemple les unes après les autres, pivote doucement sur moi-même. J'ai le tournis. Pietro se hâte aux côtés de quelques touristes. Leurs smartphones se tendent devant leurs visages, s'intercalent entre l'église et eux, comme des remparts à la réalité. D'un geste du pouce, ils volent des détails, baissent la tête vers les écrans davantage qu'ils ne la lèvent puis, certains d'avoir suffisamment nourri la bête, les rangent au fond de leur poche. Le Royaume des cieux est à eux.

Pietro sort. Je le rejoins.

– Je vais au Capharnaüm maintenant, me dit-il. Je dois partir par là.

– J'ai besoin d'aller sur les hauteurs. Peut-être qu'on se retrouvera, plus tard.

– Mais… rien n'indique que tu peux aller par là. Il y a une autre église ? Tu connais un chemin ?

– Non.

Il s'éloigne. Sa coquille Saint-Jacques se balance dans un au revoir. Le pèlerin poursuit sa route. Je me saisis de la mienne. Je déniche un sentier, me perds dans un verger de pêchers, me retrouve à travers champs. J'enjambe de larges ornières et peste contre la terre labourée, gluante, qui menace d'arracher mes chaussures à chaque pas. Le ciel s'obscurcit. Soudain, un éclair, puis un grondement. Des gouttes tombent, lourdes, froides. L'orage s'approche sans attendre. Je cours me réfugier sous un vieil olivier solitaire, m'accroupis contre son large tronc. Les gouttes se multiplient. Elles s'écrasent contre les fines feuilles de l'arbre, rebondissent contre les pierres de basalte. J'attends. Je mâchonne des dattes. Un Alléluia s'échappe d'une colline. Les syllabes résonnent à travers la Galilée. Elles s'insinuent entre la pluie, les herbes, et se perdent jusqu'à moi. L'Alléluia m'embarque à bord de ses harmonies. Sa beauté me berce.

Seule sur les hauteurs de la Galilée, j'écoute une musique venue de nulle part, unique, où des voix se mêlent aux clapotements de la pluie, aux grondements des nuages, au frémissement du vent. C'est mystique, surnaturel. Je pense à Pietro, en bas, qui doit s'enfoncer au creux d'une autre église. Il passe à côté de ce souffle, cet instant, cette grâce à l'endroit où ne se dresse aucune église, aucune basilique, aucune croix.

6 janvier, de la mer de Galilée au moshav Kinneret

J'ouvre les yeux, affolée. Le vent agite la toile de ma tente. Dehors, les vagues rugissent. Elles se déchaînent. Je crains qu'elles ne m'atteignent, qu'elles ne m'inondent Je sors. L'eau mord la berge à moins de un mètre de l'endroit où je me suis installée. La veille, je suis revenue au lac. Il était lisse comme un miroir. Désormais, il crache sa colère. Des larmes noires se collent contre mes jambes nues avant de couler, épaisses, vers mes chevilles. Je tends les mains, les larmes pleurent le long des lignes de mes paumes. Je les lèche. L'eau est douce. Les vagues se rapprochent encore. Elles galopent vers moi, sursautent puis se brisent contre les roches. Elles reculent. Non, elles ne m'atteindront pas. Je regarde la nuit. Elle est sans étoiles. Je suis fatiguée, me recouche. Le roulement est bruyant, puissant. Le sol tremble sous mon corps. J'ai l'impression de tanguer. J'ai la nausée. J'inspire profondément, me calme, m'endors. Je rêve que je suis sur un radeau, seule au milieu de l'océan.

Le matin, le lac a retrouvé la paix. Je m'étire dans le silence de l'aube. Derrière moi, deux loutres se glissent entre les rochers. Elles s'arrêtent, m'observent, puis repartent dans les fourrés. Un froissement d'ailes. Il s'intensifie. Depuis la droite du lac, des dizaines d'oiseaux volent les uns derrière les autres. Ils forment une longue courbe noire qui ondule et frôle la surface de l'eau. La courbe passe sous le soleil puis s'étire d'une rive à l'autre de la mer de Galilée.

Je me penche sur l'eau et y plonge mes mains. Elle est tiède. L'envie de nager se glisse dans mon corps. J'enlève mon pantalon, ma veste et m'avance dans le lac. Rapidement, je n'ai plus pied. Je m'étends sur le dos et m'éloigne de la rive. Mes yeux se noient dans les heures orangées du ciel. Un poisson frôle ma cheville. Les oreilles dans l'eau, j'entends mon cœur cogner contre ma poitrine. J'arrête de bouger, son bruit est sourd et récurrent, régulier. Il vit en même temps que je vis. Une joie frétille en moi. Je bats des jambes et m'éloigne encore. Mon cœur s'accélère lentement. Ses battements résonnent désormais contre mes tempes. J'inspire une grande bouffée d'air, m'étends davantage sur le dos et incline un peu plus ma tête en arrière. L'eau frôle mes sourcils.

La berge et ses roches noires m'apparaissent à l'envers. Le lac flotte au-dessus du ciel de cuivre.

À quelques mètres de là, gisent les ruines du Capharnaüm. C'est dans ce village de pêcheurs que Jésus, après avoir quitté Nazareth, se serait entouré de ses premiers apôtres et aurait amorcé son ministère. C'est sur ces berges qu'il aurait accompli plusieurs de ses miracles. Là où je nage, il aurait marché.

Je commence à avoir froid. Je fais demi-tour et rejoins la rive. Je balance mon débardeur trempé au sol, me jette sur ma serviette, me frictionne la poitrine, les épaules, les cuisses, les mollets. J'ai la chair de poule. Sans prévenir, une phrase surgit : le miracle est à l'intérieur de nous-mêmes. Je me redresse. Je la murmure. *Le miracle est à l'intérieur de nous-mêmes*. Mon pied bute contre une bouteille en verre, vide, jetée par les flots sur un bout de sable. La douleur m'arrache un cri. L'étiquette est blanchie, malmenée par l'usure. Je parviens toutefois à en lire le nom : Beluga. Vodka. Souvenirs de la Sibérie. Cette époque lointaine me rejoint par-delà l'espace et le temps. Imprimée à vif dans ma mémoire, elle en est devenue indélébile. La Sibérie, sa nature vierge à perte de vue, ses ours bruns, ses loups, sa glace à pétrifier les caractères les plus tumultueux, ses peuples chamaniques qui lient les esprits à la terre. Là-bas, nul Dieu. « Nous, nous croyons en la mer, la terre, le feu, le soleil, le vent… », me disaient les Tchouktches, le peuple nomade avec lequel j'ai vécu.

En sillonnant l'un des bords les plus sauvages de la Sibérie, le Kamtchatka, j'ai poussé les portes de mon propre univers. Ce premier voyage m'a amenée au seuil de moi-même. Il n'était qu'un long début. J'étais loin d'imaginer qu'il se poursuivrait des années plus tard, dans d'autres contrées reculées, jusqu'à me propulser ici, en Israël. Ma géographie intérieure me paraît aussi vaste que ces terres, millefeuille insondable d'histoires, mythes et légendes. En Sibérie, j'ai touché à l'immensité de l'espace. En Israël, je touche à l'immensité du temps.

Je récupère mon sac, m'éloigne de la mer de Galilée. Je dépasse le Capharnaüm. Des bus de touristes arrivent. Ils se garent les uns derrière les autres et déversent la foule des pèlerins venus palper la Bible de leur pas. Je rejoins la route. Je tends le bras. Une voiture s'arrête. Le chauffeur accepte de me déposer à Migdal, où le chemin m'attend. « Vous parlez russe ? » me demande-t-il. « Non seulement je le parle, mais j'aime cette langue ! » La Russie me poursuit. Cette terre conspire à me plonger dans la demeure des souvenirs.

Dans une échoppe, j'achète des boîtes de thon et des dattes. « Attention avec votre gros sac », aboie le propriétaire. « Je serai aussi délicate qu'un ange », je lui réponds. Il rit et m'offre un café.

Je retrouve mes repères, la bande de terre, le marquage orange, bleu, blanc. Les maisons du village arabe de Hamam se penchent au-dessus de moi. Un talus s'éventre. Une coulée d'ordures jaillit de ses entrailles béantes. Elle se déverse jusque sous mes pieds. Baignoire rouillée, grilles de frigidaires, bouteilles en plastique, en verre, canettes de Coca, de Fanta, papiers en tout genre, couches-culottes usagées. J'évite les immondices puis m'insinue entre la masse pachydermique de deux falaises ocre. Je me penche sur l'une des pentes, affronte le dénivelé, marche entre les vaches. Hamam s'éloigne en contrebas. Le soleil me brûle les épaules. Je m'adosse à un roc, saisis mon foulard et les couvre pour les protéger. Au même moment, le muezzin appelle à la prière. Un cortège de mots arabes s'extraient du minaret de Hamam et conquièrent l'espace où je progresse. Ils percutent les roches, forcent leur passage en moi.

L'heure serait-elle à la prière ? À l'époque où je priais, je le faisais librement, par désir ou besoin. Mue par un élan intérieur, je m'agenouillais, joignais les mains, et regardais vers le haut. Qu'importe une prière de plus ou de moins ? L'essentiel réside dans l'intention, la sincérité, l'authenticité de l'acte. Une prière réalisée sous la contrainte se vide de son essence. Admettons que Dieu, l'Univers, ou quelque entité qui nous dépasse, soient à notre écoute, recevraient-ils des mots qu'une bouche prononce sans une vibration du cœur ? Je préfère m'abstenir plutôt que de me forcer.

Je comprends alors que, si j'ai enfoui le nom de Dieu, je n'ai cessé de prier, pour moi, pour les autres. Lorsque la nuit tombait et se refermait sur mes doutes ou souffrances, des mots se formaient au creux de mon cœur, puis volaient vers l'invisible. Des questions, des souhaits, des désirs, des demandes d'aide et de signes, mais aussi des remerciements, de la gratitude. La prière, ce pont qui relie les berges opposées de l'inconnu : celle à l'intérieur de soi, celle à l'extérieur de soi. Entre deux, l'abîme sans fond de l'existence, où nous voguons contre un sentiment plus ou moins aigu d'absurdité, telles des âmes en peine, en quête d'un sens que certains pensent trouver dans une stricte matérialité. Le pont de la prière me permit de m'élever au-dessus des épreuves, d'en soulager le poids, et de sentir que sur l'obscure voie qui mène vers soi, je n'étais pas complètement seule.

Je lève les yeux vers le ciel qui se pose sur le mont Arbel, cherchant la sérénité dans la pureté de son bleu. Je continue de m'élever. Le haut de la falaise est creusé d'une vieille forteresse et percé de trous sombres. Des grottes. C'est à cet endroit, au Ier siècle de notre ère, que les juifs rebelles de la région se réfugièrent pour échapper à l'oppression romaine, qui sévissait alors. Cette Grande Révolte se solda par une désastreuse défaite. Le Second Temple de Jérusalem, qui abritait l'Arche d'alliance, le coffre contenant, selon la Bible, les Tables des Dix Commandements fut incendié et totalement détruit. La ville de Jérusalem fut presque entièrement rasée. Les prisonniers juifs furent déportés à Rome, réduits en esclavage, ou exécutés.

Aimez-vous les uns les autres, disait Jésus.

Je contourne la falaise et me hisse à la force des bras sur le faîte du mont Arbel. Le vent fouette les herbes asséchées. La mer de Galilée réapparaît en même temps que le silence. Une colonie de petits animaux à la fourrure épaisse et brune se prélassent contre des rochers. Leurs courtes oreilles arrondies m'amusent. On dirait des marmottes sans queue. Ils s'immobilisent, m'interrogent de leurs yeux sombres. Je m'approche. Ils filent sous les rochers. Furtive apparition.

Ces mammifères sont des damans des rochers. On les trouve en Afrique et au Moyen-Orient, mais aussi dans le Livre des Proverbes de la Bible, qui les décrit comme doués d'une « sagesse particulière » en ce qu'ils compensent leur manque de défense, de puissance, en se retirant et se protégeant au creux des rochers. La fuite, une sagesse ? Le biologiste Henri Laborit indique dans son livre *Éloge de la fuite* que face à une épreuve, un danger, combattre est vain, car délétère pour l'organisme, et qu'il est préférable – sage – de fuir. Mais lorsque le combat devient intérieur, vers quels interstices fuir ? Faut-il fuir, se fuir soi-même ? Si je poursuis mes rêves d'aventure et qu'aujourd'hui, je marche sur ce chemin, c'est parce que je me suis battue contre mes doutes, les préjugés, les normes, mes peurs ainsi que celles projetées par les autres. Je n'ai pas fui, je ne me suis pas fuie, je me suis encore moins soumise ou résignée. Vivre, c'est ne pas fuir ni se résigner. Je suis un daman du combat.

J'arpente les hauteurs dénudées du mont Arbel, fend des prairies verdoyantes. La lumière lustre les herbes, polit les pierres. À ma gauche, le satin bleuté du lac. Il m'a offert sa quiétude, confié sa colère et ses pleurs, envoyé l'amour d'un ange, et transmis un message. *Le miracle est à l'intérieur de nous-mêmes*. Mon combat en valait la peine.

Je passe au-dessus de la ville de Tibériade, qui a donné l'autre nom de la mer de Galilée : le lac de Tibériade. Sur ses pourtours, de larges immeubles en construction. Le bruit des grues, le cognement des marteaux-piqueurs, le râle et les klaxons des voitures m'assaillent tout autant que l'appel du muezzin de Hamam. Entre modernité et religion, difficile de s'isoler dans la contemplation. Celle-ci me retrouve sur les pentes de la forêt Suisse, baptisée ainsi en hommage à une communauté juive de Suisse qui contribua à sa naissance dans les années 1930. Ce projet de reforestation visait à lutter contre l'érosion et les glissements de terrain. La nature comme remède à la nature !

Le libertinage des arbres, du soleil, de la terre penchée et du lac fait monter en moi la sève de la joie. Les ombres des cyprès, des eucalyptus, et des caroubiers déroulent des entrelacs sous mes pas. Les branches s'effleurent, se frôlent, se croisent parfois, les feuilles jouent avec la lumière du crépuscule. Des nuées d'abeilles tournoient autour de ruches en bois posées entre les arbres. Israël, pays où coulent le lait et le miel, comme le dit la Bible. Je pense au miel, son éclat doré, son onctuosité. Je ferme les yeux. Sa douceur coule au fond de ma gorge.

Des nuages roses, oblongs, effilés, flottent dans le ciel. Une brise fraîche se lève. Elle hérisse la surface du lac, en contrebas. L'air se soûle d'une odeur acidulée. Le vent la vole aux vergers de mandariniers, de manguiers ou encore de cédratiers, un arbre précieux pour les juifs. Son fruit, le cédrat, *étrog* en hébreu, ressemble à un gros citron à la peau épaisse et bosselée. Il est utilisé lors de la joyeuse fête de Soukkot où, sous des tentes, pendant sept jours à l'automne, les juifs commémorent la sortie d'Égypte. J'arrache une feuille, la casse entre mes mains, la renifle. Elle sent bon la liberté.

Ma journée s'achève sur les pentes du moshav Kinneret. J'arrive devant un grand cube blanc qui se dissocie de la nuit tombante. Je frappe, la porte s'ouvre.

– Je suis l'ange du chemin !

Celui-ci est de chair et d'os. Ses yeux pétillent. Son sourire illumine sa figure de sexagénaire.

– Bienvenue ! Je m'appelle Micky.

Il m'invite à le suivre chez lui. Une large baie vitrée donne sur le lac, noir, immobile. Au fond, l'ombre du Golan. À droite, l'arrondi de la berge sud de la mer de Galilée. Les lumières des réverbères y scintillent comme les étoiles. Il y a celles d'Israël. À côté d'une frontière invisible, celles de Jordanie.

Micky s'empresse de me montrer ma chambre et ma salle de bains.

– Tu es chez moi chez toi ! J'imagine que tu as hâte de prendre une douche chaude ? Prends ton temps. On peut dîner dans une heure si ça te va.

À table, j'engloutis une assiette de spaghettis.

– Merci beaucoup pour l'accueil et le repas.

– Je vis seul, me dit Micky. Entre ma femme de ménage qui me prépare des plats en début de semaine et les Shvilistim qui me laissent toujours des choses à manger, mon frigo est toujours plein !

– Tu accueilles beaucoup de randonneurs ?

– À cette époque, ils sont plutôt rares, à cause de la pluie. Il y en a beaucoup plus à partir de février, qui partent du sud et remontent vers le nord. Tu vas commencer à les croiser dans quelques semaines. J'adore ce système d'accueil. Comme je ne voyage plus, c'est un moyen de voyager sans bouger de chez moi ! Il y a pas mal d'Israéliens, mais aussi des Allemands, des Russes, et de rares Français, comme toi ! Quelquefois, différents groupes arrivent le même soir chez moi. J'ai même vu des histoires d'amour commencer ici ! Un jour, un groupe de trois Israéliennes est arrivé du sud, et un groupe de quatre Israéliens du nord. Ils ont dîné ensemble, sur la terrasse. À la fin de la soirée, un couple s'est formé ! Ils se tenaient la main, se regardaient les yeux dans les yeux, sans pouvoir se lâcher. Du coup, le garçon a décidé de terminer le Shvil avec ses amis, puis il a rejoint la fille sur le chemin pour continuer avec elle jusqu'au sud !

– Tu es un véritable ange alors !

Micky déborde autant de générosité que d'histoires. Il me raconte la sienne, comme ancien plongeur de combat pour l'armée, puis comme vétérinaire, en Afrique du Sud, avant de venir exercer en Israël.

– *Je travaille avec chèvres et moutons*, me dit-il en français, d'un air complice.

– Tu parles français ?

– *Un petit peu. Je parle aussi l'allemand.*

– L'allemand ?

Ses parents, allemands, se sont rencontrés pendant la Seconde Guerre mondiale, dans les camps de concentration de Pologne.

– Mon père est tombé amoureux de la sœur de ma mère. Mais elle n'a pas survécu. Du coup, il a décidé de s'occuper de ma mère, qui elle s'en est sortie. Elle parlait couramment l'allemand. Elle me l'a enseigné quand je suis né.

Je me mure dans le silence. Il reprend d'un ton grave :

– Tu sais, je ne crois pas en Dieu. C'est souvent le cas pour la deuxième génération de l'Holocauste, dont je fais partie. Toi, tu crois en Dieu ?

– Heu... disons que... je me repose des questions à ce sujet depuis que j'ai commencé ce chemin.

– Je vais te dire. Quand on parlait de Dieu avec mon père, il s'exclamait : comment peut-on croire en Dieu quand on a vécu ça ?!

– C'est certain que… Mais face à toutes ces horreurs, ils ont gardé une rancœur vis-à-vis des Allemands ?

– Ma mère m'a toujours dit qu'il fallait différencier les nazis des Allemands. Elle n'a jamais cessé d'aimer et de s'intéresser à la langue et à la culture allemandes. Quand j'accueille des Allemands et que je leur parle allemand, tu verrais la tête qu'ils font ! Ils n'imaginent pas ça d'un Israélien !

– Et quand tes parents se sont installés ici ?

– Juste après la guerre. C'est mon père qui l'a décidé. Il n'a pas vraiment laissé le choix à ma mère ! Il lui a dit : Soit tu me suis, soit je te quitte. Elle l'a suivi ! Tu viens t'asseoir dans le salon ?

Sur le canapé, Micky pousse un long soupir. Il observe les hauts et larges murs blancs de sa maison.

– Avec mon ex-femme, nous avons passé toute une vie à travailler pour construire ça : la maison de nos rêves. Nous avons eu deux enfants. Ils ont grandi ici. Mais une fois que tu as tout ça, que tu as travaillé comme un forcené pour ça, tu te rends compte que tu n'en as pas vraiment besoin. À quoi bon avoir fait tout ça ?! C'est ce que je disais hier à une jeune Russe qui a également passé la nuit ici. Son plus grand souhait était de vivre dans un château avec son copain, comme une princesse ! Je lui ai répondu que ce n'était pas l'essentiel. L'essentiel, ce sont les personnes qui t'entourent et qui t'aiment. La famille, les amis. Ma mère disait : « Malgré toutes les horreurs qu'on a vécues, malgré tout ce qu'ils nous ont fait, regarde la tribu que nous sommes : deux enfants, sept petits-enfants, douze arrière-petits-enfants. C'est ça notre revanche. » Toute cette toile que tu tisses, sur laquelle tu peux te reposer, crois-moi, c'est ça l'essentiel.

3
Racines

7 janvier, du moshav Kinneret à Kfar Kish

Des rangées de palmiers dattiers à la symétrie parfaite. Ils s'alignent par dizaines comme des soldats, droits, immobiles. Jusqu'à hier, je les aurais regardés comme de simples arbres. C'était sans compter sur le savoir de Micky.

– Tu sais qu'il y a des palmiers mâles et femelles ? m'a-t-il dit. Il faut attendre environ sept ans avant de connaître leur sexe. Seules les femelles donnent des dattes. Les mâles, eux, ils apportent le pollen. Quand tu les verras en bas, dis-toi que, d'une certaine manière, ils s'accouplent !

Un parfum d'amour flotte dans les airs. J'imagine le pollen virevolter, se laisser porter par les vents, les oiseaux, les insectes, se poser au creux de la couronne de feuilles d'une femelle, et la féconder. Pragmatisme de la nature. Elle s'accouple pour créer. L'homme en récolte les fruits.

Il a toutefois semé sa graine. Les espèces de palmiers qu'on trouve aujourd'hui en Israël n'auraient en effet jamais vu le jour sans l'initiative de Ben-Zion Israeli, l'un des fondateurs de la ferme de Kinneret, établie en 1908. Celui-ci s'est lancé dans une expédition dans les années 1930 en Iraq, en Perse, au Kurdistan et en Égypte pour débusquer les meilleures variétés de dattiers, en ramener les plants, et les réintroduire sur la terre d'Israël afin de lui rendre sa beauté et sa fertilité bibliques. Car si les dattiers y furent présents des siècles voire des millénaires plus tôt, ils disparurent presque totalement avec le temps. Sous les soupirs des palmes, je songe aux risques qu'il a dû prendre à cette époque, en ces lieux, aux kilomètres qu'il a franchis, plants de dattier sur le dos, avant de les embarquer sur des chameaux ou à bord de camions. Les dattes que je m'enfile comme des bonbons ont un arôme d'aventure.

Derrière la palmeraie, le site de baptême chrétien « Yardenit », se tient au bord du fleuve du Jourdain. Jésus y aurait été baptisé par Jean le Baptiste. Un bus est là. Un groupe descend. Des visages à la peau mate, au nez épaté, au regard de jais me scrutent. Ces traits me sont familiers.

– Vous êtes indonésiens ? je demande.

La femme recule, surprise.

– Je dis ça parce que vous ressemblez à ma mère. Elle est indonésienne, de l'île de Java.

– Vraiment ? Nous venons aussi de l'île de Java.

– Mais… vous faites quoi ici ? Vous êtes chrétiens ?

– Oui !

J'ignorais qu'il restait des chrétiens en Indonésie. Ce pays compte le plus de musulmans au monde, à savoir environ deux cents millions. Ils représentent près de 90 % de la totalité de la population. Jusqu'à ce jour, je ne me suis jamais demandé ce qu'il en était des derniers 10 %. La réponse s'agite devant moi, et marche en direction du Jourdain : ils sont chrétiens, hormis un petit 3 % d'hindouistes, de bouddhistes, d'animistes, et d'une microscopique communauté de deux cents juifs, retirés à Manado, auprès de l'unique synagogue du pays. Ma mère me racontait que si son père croyait en toutes les religions, sa mère était à l'origine bouddhiste. Mais lorsque leurs enfants sont nés, parmi lesquels ma mère, ils furent contraints d'abandonner leurs traditions pour se convertir à l'islam, cette religion étant devenue la règle.

Les eaux émeraude du Jourdain miroitent à l'ombre des eucalyptus. Trois Indonésiennes ont revêtu de longues blouses blanches. Elles s'enfoncent lentement dans le fleuve. Un prêtre – également indonésien – les suit dans l'eau. Les autres restent sur la berge, chantent des prières. Face aux trois femmes, le prêtre prononce un sermon. Celle du milieu affiche un regard inquiet, incertain, presque affolé. Soudain, elle ferme les yeux, se laisse tomber en arrière, soutenue par les deux autres, et disparaît entièrement dans la rivière. Lorsqu'elle se redresse, elle prend une profonde inspiration. Des filets d'eau s'écoulent le long de ses cheveux noirs. Elle passe ses deux mains sur son visage. Lorsqu'elle les retire, il est fécondé de joie et de lumière. Elle pleure. Elle rit. L'assemblée pleure et rit avec elle.

Je quitte le bleu du lac, l'émeraude du Jourdain et m'enfonce dans le sud de la Galilée. Il me prête ses collines vertes et arrondies, la terre molle de ses chemins, ses champs labourés, ses vergers et surtout, ses oliveraies où je flâne avec un plaisir inouï. Les oliviers me fascinent. Jamais arbres d'une même espèce ne me sont apparus d'un caractère si différent l'un de l'autre, affirmé, singulier. Les troncs noueux se tortillent en tous sens, forment des bourrelets plus ou moins épais, plus ou moins allongés, comme la cire d'une bougie qui a longtemps brûlé. Des oliviers au tronc pâle et écorché me racontent leur vieillesse et leur sagesse. D'autres au tronc plus fin, court et foncé, se vrillent autour de leur jeunesse. D'autres au tronc épais, bombé, robuste, imposent leur virilité. D'autres encore au tronc divisé en une famille de troncs, minces et distingués, discutent de solidarité. Tous, de leurs racines puissantes, sont fermement ancrés dans la terre. Tous s'élèvent vers la lumière.

Le crépuscule se pare d'un rose pastel. Il meringue la lisière du ciel, se fond dans la brume incertaine où s'assoupit la vallée, et souligne les courbes du mont Thabor. Celui-ci domine l'horizon. On dirait un sein solitaire. Je m'installe pour la nuit au bord d'un champ. À mes côtés, un brin de paille. Je le tire du sol, il se détache sans résister. Je me sens plus proche de lui que des oliviers. Déracinée, fragile. Le mélange de mes origines m'a donné une apparence hybride. Mon organisme est génétiquement métissé. Dans mes pays de sang – la France, l'Italie et l'Indonésie – on me regarde comme une étrangère. Mais chez les Tchouktches de Sibérie, on me prend pour une Tchouktche. Chez les bouddhistes du Zanskar, on me prend pour une Zanskari. Chez les Tibétains, on me prend pour une Tibétaine. En Alaska, on me prend pour une Indienne d'Amérique, une Pocahontas, comme dans d'autres pays d'Europe ou d'Asie.

Avec le temps, je me suis détachée du regard de l'autre. Mon ressenti est devenu mon seul guide, le plus puissant, le plus juste, celui qui me désigne d'un souffle ce qui s'esquisse à l'intérieur de moi-même. J'ai pris du plaisir à être reconnue comme l'une des leurs par des peuples dont j'ignorais tout. Je me suis sentie chez moi là où ça ne l'était pas. Je ne me sens pas chez moi là où ça l'est. Cette double contradiction s'est muée en une tension, une force motrice. Elle me projette telle une flèche vers l'ailleurs, l'inconnu, m'incite à chercher ce que je n'ai pas encore cherché, à trouver ce que je n'ai pas encore trouvé. Ma philosophie est expérience. Mes années de voyage morcellent mon identité en même temps qu'elles la forgent. Elles décapent l'écorce de ce que je ne suis pas, elles sculptent ce que je suis. Je recueille une à une les notes d'une partition qu'il m'appartient de composer. Un jour, j'entendrai la mélodie de mon âme, et je saurai ce que je serai.

Éhyéh acher éhyéh. Je serai ce que je serai.

8 janvier, du mont Thabor à Nazareth

Les pentes abruptes du mont Thabor font couler la sueur de mon front. Elles lavent mes pensées. J'arrive sur le dessus de sa croupe. La vallée de Jezréel et ses centaines d'hectares de vergers et d'oliviers s'étalent à mes pieds. *Et Dieu sèmera.* Au bout d'une longue allée fleurie, les deux tours jumelles de la basilique franciscaine de la Transfiguration pointent vers le zénith. En ce lieu, Jésus serait devenu lumière devant ses disciples Pierre, Jacques et son frère Jean. Il leur aurait révélé sa nature divine.

Encore une église. Pourtant, mes pas m'y portent. Des pèlerins éthiopiens et coréens sont regroupés sur le parvis. Je me faufile parmi la foule. On me dévisage. On sourit de ma dégaine. On me prend en photo. J'entre. Je m'arrête net, captivée par la beauté. Une fresque resplendit dans le chœur de l'église. Elle m'éblouit. Jésus y est représenté, vêtu de blanc, illuminé, transfiguré, aux côtés de Moïse et du prophète Élie. Tous trois volent dans un ciel d'or, en lévitation au-dessus de la terre.

Un calme soudain me recouvre, m'enveloppe d'une infinie douceur. Je me détache du bruit des pèlerins qui piétinent dans la nef, des écrans de leurs smartphones, des chuchotements de leur guide. Je me détache de mon aversion envers les églises, l'Église, la religion, les cadres qui la restreignent et la contraignent. Je me détache du rugueux scepticisme où m'entraîne la valse des interprétations de faits mille fois rapportés.

Je me détache de tout, le certain comme l'incertain.

Je cède à une énergie, un appel soudain à l'intimité. Je tombe dans les bras de l'église. Je m'agenouille. Je prie Dieu.

L'après-midi est belle, chaude. Le chemin redescend, longe des champs, des oliviers, remonte sur une colline tapissée de forêt. Derrière moi, le mont Thabor disparaît puis réapparaît entre les arbres. Devant moi, Nazareth. L'odeur des pins se mêle à celle de la Bible. Marcher sur ces terres porte la couleur de l'extraordinaire. J'en perdrais la raison. C'est excitant.

Le chemin grimpe vers une route, au nord de Nazareth. Il disparaît au milieu d'un parterre de chardons et de ronces. Celles-ci s'agrippent à mes jambes, écorchent ma peau, comme pour me retenir. La route n'est pas loin, un peu plus haut. Je trace tout droit dans sa direction, m'extrais de mes bourreaux avec force et douleur, escalade un mur, enjambe la rambarde de sécurité et, lorsque le bitume soulage enfin mon effort, je me retourne. Posé sur la bande safran et orangé du soir, le mont Thabor n'est plus qu'un monticule au-dessus de l'horizon. Cela n'enlève rien de sa majesté. Je le contemple une dernière fois, consciente que dès le lendemain, d'autres paysages s'offriront à moi. Le voyage est un incessant départ. Se lier et se délier. Reste l'empreinte que la corde des émotions laisse en nos cœurs.

Je prends un bus pour rejoindre la vieille ville de Nazareth. Dans la nuit froide, je sillonne des ruelles sombres et désertes, égayées des vestiges du Noël passé. Ici, des guirlandes se suspendent à des arches en pierre. Là, un gigantesque sapin artificiel dissimule la vue sur l'église grecque orthodoxe de l'Annonciation. Affamé, mon estomac m'aiguille vers un marchand de falafels.

– *Shalom*, dis-je.

– *Salem alaykoum*, me répond-il. C'est une ville arabe ici, Miss.

Nazareth, village d'enfance de Jésus, juif de son vivant, source du christianisme après sa mort, est désormais une ville majoritairement arabe et musulmane, la plus grande d'Israël. Vieille de deux mille ans, son histoire reflète à elle seule les ballottements de la région. Cananéenne d'origine, elle est détruite par l'Assyrie, renaît sous la période romaine comme un village juif, période pendant laquelle Jésus apparaît, connaît l'arrivée des premiers chrétiens, est conquise par les Perses, les Byzantins, puis les Arabes, devient la capitale administrative des Croisés de Galilée, tombe entre les mains des Mamelouks, puis des

Turcs pendant la période ottomane, des Anglais lors du mandat britannique, et est enfin intégrée à l'État d'Israël en 1948, après quoi elle accueille de nombreux Arabes palestiniens. Massacres, exodes, dominations, conquêtes et reconquêtes balayèrent ces deux millénaires.

Mes falafels en bouche, je ris de mon ignorance et manque de m'étouffer. Le marchand m'offre du Coca. *A taste from America !* me lance-t-il. Voilà ce qui réconciliait les cultures.

Alors que l'histoire fermente sous mes pas, je déniche une auberge.

– *Salem alaykoum*, dis-je cette fois-ci.

– *Alaykoumou salem*, je m'appelle Mohamed, me répond l'homme de l'accueil.

– Il vous reste une chambre ?

– Une seule ! La plus belle ! Donnez-moi juste dix minutes, je dois vérifier deux ou trois choses avant et vous pourrez aller vous reposer. Vous avez l'air vraiment fatiguée !

– Oui… la marche, vous savez.

J'en profite pour faire le tour de l'auberge. Ses hauts plafonds peints à la main, son sol en marbre turc, les trois immenses fenêtres en forme d'arche de son salon, sa cour intérieure ornée de fleurs et le chuchotement de sa fontaine me plongent au cœur de la période ottomane.

Construite il y a deux cents ans, elle fut la maison d'un marchand arabe, Fauzi Azar, dont la famille était l'une des plus riches de Galilée. Longtemps abandonnée, la maison retrouva ses lumières lorsqu'un juif israélien, Maoz, entreprit de la rénover. Après avoir fait le Shvil, il constata l'absence d'hébergements bon marché dans les villes principales d'Israël, et notamment dans la vieille ville de Nazareth. Lorsqu'il visita cette demeure, il tomba sous son charme. La petite fille de Fauzi Azar accepta de la lui vendre. À cette époque, il n'y avait ni auberge, ni restaurant dans la vieille ville, réputée dangereuse la nuit. Les Arabes autant que les juifs des environs considérèrent son idée comme pure folie. Maoz persévéra, associa les gens du quartier à son projet, et peu à peu, les touristes affluèrent. L'intérêt commun devint un facteur de cohésion.

Mohamed revient. Il me tend les clés. « Vous allez l'aimer », me dit-il. J'entre. La chambre est voûtée, ses murs sont en briques sablées, son parquet est en bois sombre, massif, son petit bureau semble sorti d'un autre temps. Tout est là pour séduire les esprits un tant soit peu romantiques. Je le suis. Je prends une longue douche chaude, m'enroule nue dans les draps soyeux. Mon sommeil me porte au pays des Mille et Une Nuits.

9 janvier, de Nazareth à Hardouf

5 h 15. Le muezzin appelle à la prière. Je me rendors. 6 heures. Les cloches sonnent. Je me lève. Je pose les pieds sur le sol. Une lame dans mon talon gauche. La douleur remonte par saccades jusque dans mon mollet. Je scrute la courbure de mon talon. Ma peau est cornée, rougie et boursouflée par les frottements. Celle de mes

mollets est lacérée par de longues griffures. Je la caresse. Elle me pique. Un sursaut de confort réveille la sensibilité du corps. J'enfile mon pantalon, mes chaussures, je serre les dents, je pars de l'auberge en boitant. Les ruelles de Nazareth s'éveillent. Des femmes voilées accompagnent leurs enfants à l'école. Cartable sur le dos, ils courent sur les pavés et crient leur bonheur d'exister. D'autres femmes suspendent leur linge coloré contre les murs ensoleillés. Un chat bondit hors d'une poubelle. Il me regarde et part en boitant également. Pénible sort que celui des clochards du chemin.

Je m'arrête devant la basilique catholique de l'Annonciation. Je pousse la grille. Il est tôt, tout est vide. Le long des murs de l'enceinte, sainte Marie m'apparaît sous des dizaines de visages et d'accoutrements différents. Côte à côte, de larges mosaïques offertes par différents pays la représentent, avec ou sans Jésus. La France et l'Italie lui dessinent un teint pâle, un visage humble, une allure sobre et élégante. De même pour l'Égypte ou Singapour. En revanche, Marie devient japonaise pour le Japon, avec de longs et raides cheveux noirs et un kimono, indonésienne pour l'Indonésie, avec une robe en batik, thaïlandaise pour la Thaïlande, vêtue de la tête aux pieds du traditionnel Pha Sin, chinoise pour les Chinois, ou encore coréenne pour la Corée du Sud, avec des yeux bridés. La Madone m'offre le monde en une allée. Derrière ces multiples apparences, une même foi, unique. Tel un olivier, elle s'est enracinée en cette terre puis s'est élevée, s'est propagée, dépassant les frontières.

J'entre dans la basilique, je descends les sept marches qui mènent à la grotte de l'Annonciation, petit sanctuaire creusé dans la roche. À cet endroit, Marie aurait vu l'Archange Gabriel, venu lui annoncer qu'elle portait Jésus. Sur le marbre de l'autel, on lit en latin : *Verbum Caro hic factum est*, « Ici, le Verbe s'est fait chair. » Derrière les grilles qui me séparent de la grotte, je devrais agir comme tout fidèle catholique : prier. Ce désir m'échappe. Si la veille, un élan de grâce m'a saisi malgré moi, je me sens triste aujourd'hui. La vision de Marie, son destin de mère, se retournent contre moi. Marie a vu, entendu, elle a su. Le sens de sa vie, de son incarnation était de porter et d'accompagner Jésus, jusqu'à son sacrifice ultime. Croire au plus grand pour supporter le plus dur. Je la vois parmi la foule, face à la croix, face à son fils en train de mourir. Je la vois s'indigner, s'affoler et pleurer. Je la vois s'effondrer.

Je repars, clopin-clopant. La vieille ville s'ouvre sur la rue principale. Le charme de l'ancien se dissipe. Le tumulte cravache l'espace. Chassé-croisé des voitures. Les klaxons hurlent. Les marchands se serrent les uns à côté des autres. Les femmes, panier à la main, me bousculent. Des vendeurs de fruits et légumes me parlent en hébreu. « Tu n'es pas israélienne ?! » Je leur réponds en anglais. « Où se trouve le bus qui va vers le nord de Nazareth ? » « Plus loin », me dit-on. Mais plus loin, on me dit que c'est plus bas. Une tripotée de bus verts. Dans l'un d'entre eux, un chauffeur attend. Je monte. « Vous allez où ? » me demande-t-il. Je lui montre la carte. « Vous pouvez me déposer là ? » « Vous avez de la chance ! C'est sur mon chemin ! Installez-vous devant, je vous dirai quand descendre. » Il démarre, s'arrête en route quand on lui fait signe de la main.

Je me retrouve assise au milieu de trois Arabes. Ils discutent avec le chauffeur comme avec un vieux copain. La musique de leurs mots est pleine de fougue et de relief, elle jaillit d'une bouche à l'autre, prend appui sur des gestes amples, affirmés, presque coléreux. J'aime la langue arabe autant que l'hébreu. J'observe leurs cheveux crépus, leur peau tannée, burinée, leurs iris sombres gorgés de soleil. Soudain, une pensée. Et si Jésus avait leurs traits ? Le chauffeur se tourne vers moi. « Tu viens d'où ? De France ?! On ne croirait pas. Mais la France… la France ! Zidane ! » Un autre enchaîne : « Oui ! Zidane ! Le meilleur des meilleurs ! » Puis un autre, en français : « Ça va ? Comme ci, comme ça. La France ! Charles de Gaulle ! Victor Hugo ! Mais surtout… Zidane ! » Ils rient.

Je descends au pied du village arabe de Mash'had. Le chemin monte vers une mosquée coiffée d'un dôme rénové, couleur or, clinquant, artificiel. Cet aspect factice m'évoque les statues et les temples bouddhistes construits par les Chinois, au Tibet. Deux ans plus tôt, j'y ai voyagé plusieurs mois, curieuse de toucher à une énergie que mon imagination, nourrie par les récits d'exploration du début du XXe siècle et les dires des bouddhistes du nord de l'Inde, avait façonnée. J'ai été déçue. L'ancienne patrie du dalaï-lama, exilé depuis 1959 à Dharamsala, en Inde, suite à l'invasion militaire chinoise, m'a dévoilé un visage triste, essoufflé, soumis à une fatalité : l'extinction d'une culture et de sa spiritualité.

La totalité des monastères y a été détruite pendant la révolution culturelle chinoise à la fin des années 1960, sous la volonté du gouvernement d'éradiquer tout ce qui touchait à la religion. « *Religion is poison* », clamait Mao Zedong. Mais lorsque dans les années 2000 la Chine comprit que le bouddhisme pouvait attirer une masse incroyable de touristes – chinois et étrangers – elle entreprit de restaurer ce qu'elle avait ruiné. *Religion is money*. Miracle du capitalisme. En quelques années, les monastères bourgeonnèrent aux quatre coins du Tibet, tentant d'imiter l'apparence de ce qu'ils furent. Si l'architecture originelle est respectée, ils se parent de couleurs criardes, de dorures impeccables, de fleurs en plastique, se remplissent de moines libres de pratiquer une foi cadenassée, contrôlée par les autorités chinoises, et vont jusqu'à accueillir en leur sein des hôtels de luxe, réservés aux Chinois les plus riches. J'ai visité plusieurs d'entre eux. Des moines me tendirent des cartes de visite, pour me vendre des stages de méditation ou de bouddhisme, avant de repartir au volant de monstrueux 4x4 à travers les montagnes, percées de routes impeccables. Certains m'offrirent une visite guidée, récitant leur savoir devant l'enfilade de statues ou de tankas – peinture traditionnelle tibétaine – qui peuplaient les monastères. De très rares moines me confièrent à demi-mot leur affliction quant à la situation actuelle. Accepter était leur devise, même si une poignée résista, tantôt par l'exil, en se réfugiant à Dharamsala auprès du dalaï-lama, tantôt par le sacrifice, en s'immolant par le feu. Ces derniers représentaient à peine deux cents Tibétains, soit un grain de sable dans l'océan du milliard de Chinois. Leur geste se noya dans l'indifférence.

Enfin, comme un phénomène naturel, la modernisation a poursuivi le travail d'érosion. Dans les villages où je me suis arrêtée, les jeunes Tibétains portaient des T-shirts Jean Paul Gaultier et des Nike aux pieds. Ils communiquaient smartphone en main *via* WeChat, laissant les moulins à prières à leurs grands-mères. Quant aux chemins de pèlerinage, traditionnellement parcourus à pied, ils se couvraient progressivement de bitume, comme autour de la montagne Amnye Machen. Place au pèlerinage express.

Mon expérience tibétaine fut aussi simple que violente. Outre ce que j'ai pu voir, c'est ce que j'ai ressenti qui m'a le plus affectée. Au contact de ces terres, je n'ai pas vibré, mon cœur ne s'est pas enfiévré, il s'est tu. Leur énergie sacrée, louée dans ce que j'avais lu ou entendu, n'était plus qu'un vulgaire fantasme. Dissipée. Envolée. Aspirée vers un autre monde. Elle n'existait plus qu'au royaume des livres et de l'imaginaire. Les montagnes du Tibet étaient belles, somptueuses même, immenses et sauvages, mais sans âme. À mon tour, j'ai dû l'accepter.

De gigantesques villas neuves, aux pierres claires, aux façades fleuries, jouxtent la route. Elles s'élèvent sur trois ou quatre niveaux. Tradition musulmane : chaque étage est réservé à un homme de la famille. Le rez-de-chaussée aux parents. Le premier étage au premier fils marié et ses enfants à venir. Le deuxième au prochain fils marié, et ainsi de suite. Les filles, quant à elles, quittent le foyer à deux conditions : qu'elles trouvent un mari et que celui-ci verse une dot à sa famille. L'amour a encore un prix.

Au bord du village, la route devient chemin, les villas font place à des bâtiments délabrés, gros blocs de béton brut dont la construction a été suspendue. Manque d'amour ou manque d'argent ? Des débris pierreux jonchent les bords de la chaussée. Des armatures rouillées se tordent vers le ciel, désespérées. Une voiture rouillée, aux vitres brisées, se lamente à leurs côtés.

Le paysage s'ouvre, une vallée apparaît. J'avance sur les hauteurs, fatiguée. Mon talon gauche me fait mal. Ma hanche gauche me fait mal. Mon épaule gauche me fait mal. Mon corps désaxé en raison d'une vieille scoliose se désaxe davantage. Ainsi va ma vie : de travers. Depuis mes 18 ans, je n'ai cessé de bouger, de changer, passant d'une ville à l'autre, d'une armée à l'autre, d'un amoureux à l'autre puis, lorsque j'ai tout quitté, d'un voyage à l'autre, d'une culture à l'autre, d'une vie à l'autre. Pourquoi m'en plaindre ? Car maintenant que le chemin file tout droit, me proposant une gamme de déjà-vu – oliviers, terre rouge desséchée, hautes herbes cramées – je me lasse.

Une haie de cactus me tire de l'ennui. Des figuiers de Barbarie. Leurs grosses raquettes jonchées d'épines me renvoient le parfum du Moyen-Orient. Piqûre d'exotisme. Je me redresse, avale des dattes, retrouve l'énergie qui me manquait. Celle-ci me mène vers le sommet d'un mont où les ruines de Zippori, ancienne capitale de la Galilée pendant la période romaine, débordent de soleil. Mes yeux caressent de magnifiques mosaïques à peine altérées, ni par les battements du temps, ni par les secousses de l'histoire. Ici, sur le sol d'une synagogue datant du ve siècle, une grande roue zodiacale entourée de caractères hébreux. Plus loin, les Romains ont convié l'Égypte en Galilée. Leurs mosaïques me proposent un nilomètre, qui servait à mesurer le niveau des eaux du Nil, des chevaux galopant vers la ville d'Alexandrie, ou encore le célèbre phare d'Alexandrie. Eux aussi s'abreuvaient d'exotisme.

Je repars sur les pentes d'une forêt de pins. Les aiguilles crépitent sous mes semelles. Les pommes sèches roulent derrière mon passage. Les oiseaux sifflent une guillerette mélodie. Plus mes pas caressent la terre, plus mon oreille se tend vers les sons, arrosés de lumière. La nature est baignée de prières. Elle m'immerge dans les douceurs du monde, sa tranquillité. Je finis par m'accommoder de la douleur qui me tord. Avec une ferveur bouddhiste, je l'accepte. Je lève le nez vers le soleil, avance les yeux mi-clos. Le souvenir des mosaïques de la basilique de l'Annonciation et de Zippori me brûlent les paupières. Elles me révèlent la clarté de leur symbole. De près, les minuscules tesselles de pierre, de céramique ou d'or ne sont qu'un amas confus, un fatras de formes et de couleurs hétéroclites. Mais une fois assemblées, elles s'accordent et s'unissent, se répondent dans leur diversité et, de loin, elles deviennent harmonie.

4

Oscillations

10 janvier, de Hardouf à Isfyia

Miracle du bivouac en pleine forêt, mes douleurs se sont éclipsées. À croire que le tapis d'aiguilles de pin où je me suis posée a diffusé une mystérieuse essence nocturne. Les chacals, eux, ont erré sur les hauteurs, hurlant pendant des heures, comme pour protester de mon intrusion. J'ai écouté ce concert au clair de lune. Il m'a bercée plus qu'il ne m'a effrayée. J'ai glissé sur les pentes du sommeil.

Je descends de ma forêt et rejoins les berges verdoyantes de la rivière Zippori. Une aube humide se lève derrière de grands roseaux. Ils se courbent sous la brise, résistent puis remontent, se courbent à nouveau. Leurs plumeaux blancs s'amusent à chiper la lumière.

Devant un ancien moulin à farine, un homme seul, haut et élancé comme les roseaux que j'admirais plus tôt. De bon matin, mon côté sauvage se rebelle, me murmure de le contourner. Nos regards se croisent. Je m'en veux, change d'avis, m'approche de lui.

– Il marche encore ce moulin ?

– Ce moulin ?! Non ! Il était utilisé par des moines chrétiens… il y a cinq siècles je crois ! Je viens ici pour donner des formations. En pleine nature !

– Pour se ressourcer ?

– Un peu. Aujourd'hui, j'attends un groupe de policiers. Je leur apprends à mieux gérer leurs émotions, à en parler alors qu'ils n'en parlent jamais, et pour certains, à surmonter leurs traumatismes.

– La résilience.

– C'est exactement ça ! Je les aide à libérer leur parole et à les libérer de leurs poids !

C'est sans doute ce qu'il manque à nos forces de police françaises. En gendarmerie, nous portions chacun nos valises de traumatismes, avec interdiction formelle de les ouvrir. Il fallait tout supporter, du plus violent au plus morbide, sans soutien aucun. Se taire et obéir. Certains rentraient chez eux avec des valises trop pleines. Elles débordaient sur leur famille, pas toujours compréhensive. Alors, leurs valises explosaient. Ils explosaient avec elles. Désemparés, emprisonnés dans l'étau de leurs souffrances, ils tentaient de s'assommer à coups d'alcool, de médocs, et parfois à coups de balle dans la tête. Le flingue remplaçait le thérapeute.

– Comment tu en es arrivé à faire ça ?

– Oh, tu sais, ici, on fait tous l'armée. C'est obligatoire. Trois ans pour les hommes. Deux ans pour les femmes. J'étais dans les forces spéciales et je sais ce que c'est que de voir des choses horribles. Après ça, j'ai voulu faire quelque chose d'utile, donner du sens à ma vie, et aider les autres. Je n'ai pas vraiment fait d'études. Quelques formations. Mais j'ai surtout appris par l'expérience. C'est la clé ! On ne soigne pas avec de la théorie !

Je m'éloigne de l'homme-roseau. Plus loin, les voitures de police s'engagent sur le chemin boueux. Je m'écarte. L'une d'elles s'arrête à ma hauteur. La vitre se baisse. Ma silhouette se reflète dans leurs lunettes de soleil. « Tout va bien ? Tu as besoin d'eau ? Tu veux des biscuits ? » Tout va bien, je ne pars pas en guerre. Ils me félicitent pour mon courage. Ils ont l'air joyeux. La perspective d'une matinée dans la nature les a déjà allégés.

Je longe une route. Les voitures se déchaînent. Je quitte le pont où les gaz d'échappement se répandent, et descends dans un écrin de verdure, parsemé de fleurs jaunes qui se dandinent au soleil. Je contourne une colline. En quelques mètres, la rumeur de la route s'éteint, le silence se fait.

Vent dans le dos, je marche d'un pas svelte, savourant les douceurs de ma solitude. Des moutons gambadent entre les herbes. Des abeilles butinent les fleurs naissantes de l'hiver. Une voix. Je sursaute. Un berger, robuste comme un chêne, apparaît à mes côtés. Vêtu d'un treillis militaire kaki, il s'était fondu dans le paysage. Il me lance un large sourire. Je lui parle en anglais. Il ne comprend pas.

– *Very very little english. Me. Druze.*

– *Druze* ?

– *Yes ! Druze also in Israël ! Druze love Israël !*

Il pose ses mains épaisses sur son treillis, me montre l'étiquette brodée de caractères hébreux sur sa poitrine. Son nom, je suppose.

– *Druze army in Israël !*

Alors qu'il tente de m'expliquer quelque chose dans un mélange d'arabe et d'hébreu, je me perds dans ses yeux. Des yeux très verts, très profonds, très brillants, posés sur une peau cuivrée, ridée par le temps, le soleil et les rires. Sa beauté me trouble. L'a-t-il remarqué ? Car il me demande de l'embrasser.

– *No, no, no ! I don't want. And I have a boyfriend !*

– *One boyfriend ?*

– *Yes. One boyfriend.*

– *In France, only one boyfriend. Israel. Druze. Two boyfriends, no problem !*

Il insiste. Je reste ferme. Il renonce.

– *You brave ! Strong woman ! Very strong !*

Il me salue, part, se volatilise au milieu de la prairie. Énigmatique rencontre. Car les Druzes constituent une minuscule communauté. On les trouve en Galilée et dans le Golan, ainsi que dans les montagnes du Liban et de la Syrie. Leur religion est née autour du premier millénaire en

Égypte et est issue d'un schisme avec l'Islam chiite. Ils ne se considèrent pas musulmans et les musulmans les considèrent comme des hérétiques. Les Druzes ont en effet développé une religion monothéiste qui leur est propre, avec leur livre saint, leurs prophètes, et qui reprendrait certains principes hindouistes comme la réincarnation. Ils en gardent si bien les secrets qu'en dehors d'un groupe d'initiés, on en ignorerait presque tout.

Le temps s'étire, le soleil se pose sur le mont Carmel. Il me faut gagner ses cimes avant le crépuscule. Un jeune couple que j'ai contacté plus tôt m'y attend pour la nuit, dans la ville d'Isfyia. Je puise dans mes ressources pour abattre cette dernière montée. Le sentier, étroit, raide, serpente à travers une forêt. Il crochète les flancs du Carmel et me réserve le vertige de vues sur la vallée. Mon visage et mon dos se couvrent de sueur. Les chênes, les térébinthes et les caroubiers me couvent, me donnent un peu de leur force. Par endroits, la terre est creusée et retournée. L'œuvre des sangliers. Des feuilles mortes craquent sous mes pas. Dans la lourdeur de l'effort, je dévisage le paysage, comme s'il pouvait me tirer davantage vers le haut. Les arbres sont immobiles, en apnée. La lumière dorée se frotte, animale, contre les feuilles suspendues au bout des branches. Leurs couleurs sont douces, dégradé de bruns et de jaunes, chaude palette de l'automne qui détrône l'hiver en ces terres. Sur ma gauche, un grognement. Mon cœur bondit. Un gros sanglier noir fonce, groin baissé, vers un fourré. Sa religion est la forêt.

Le couple m'attend au chaud dans une maisonnette perchée sur le bord d'Isfyia. Leur terrasse possède une vue vertigineuse sur la vallée. À gauche, Haïfa, ville tentaculaire qui s'étale sur la côte nord d'Israël. Plus loin, sous la brume orangée, une énergie différente, un immense plat qui contraste brusquement avec la terre, la fin d'un monde et le début d'un autre : la mer.

David et Yaël me préparent un repas végétarien : tranches de pommes de terre parsemées de gros sel, patates douces en cube, salade verte, tahin, une délicieuse crème de sésame mélangée avec de la coriandre et du jus de citron, que je verse abondamment sur des tranches de pain.

– On ne t'a pas encore fait découvrir le tahin depuis que tu es arrivée en Israël ? s'offusque David. C'est le truc qu'il faut que tu prennes avec toi sur le Shvil. Quand j'ai fait le Shvil l'an dernier, je le buvais carrément à la bouteille ! Ça te donne plein d'énergie !

– Et c'est très bon pour la peau, ajoute Yaël. De toute façon, depuis que nous sommes végétariens, tout est juste parfait pour le corps !

– Mais il y a beaucoup de végétariens ici ?

– De plus en plus. On dit qu'Israël est le deuxième pays végétarien derrière l'Inde, et on a la première armée vegan au monde ! C'est après avoir voyagé en Inde qu'on s'y est mis. Vraiment, manger des animaux, je ne pourrais plus. Eux aussi souffrent ! C'est complètement fou de penser le contraire.

Yaël me ressert des patates douces.

– Et vous avez passé combien de temps en Inde ?

– Presque un an. On s'est rencontré là-bas, David et moi ! On venait de finir l'armée. Après ça, on a vraiment, mais vraiment besoin de faire un *reset*, de se vider l'esprit. Tu sais, il y a deux grandes destinations où tu trouveras les Israéliens après l'armée : en Inde et en Amérique du Sud. J'imagine qu'on est attiré par le côté nature et spirituel. L'armée, c'est pas toujours facile. Personnellement, j'ai détesté chaque jour que j'ai passé à l'armée ! Du coup, après, on a besoin de se reconnecter à soi-même. Ça nous permet aussi de choisir nos études avec plus de recul et de maturité.

– En rentrant, on a trouvé cet endroit avec Yaël, ajoute David. On est tombé sous le charme. C'est pas très grand, mais quelle vue on a ! Au moins, on est dans la nature, loin de l'agitation de la ville, loin de Tel-Aviv. Mais toi, qu'est-ce qui t'amène ici ? Peu d'étrangers font le Shvil.

– Une vision. Pendant une méditation. Ça aide aussi à se reconnecter à soi-même !

Les yeux de Yaël s'écarquillent.

– La méditation ?! C'est pour ça qu'on se rencontre ! Tu es un signe ! Je dois vraiment m'y mettre. Je n'ai pas assez pris le temps en Inde, j'ai trop bougé. Et maintenant qu'on est rentrés, on a repris des études de physique et on est trop pris. Oui, je dois méditer ! Merci de nous avoir appelés, d'être venue chez nous !

11 janvier, de Isfyia à Nahal Me'arot

J'ouvre les yeux. J'ai la sensation de flotter, d'être dans un rêve. Je me tourne dans les draps. Mes deux mains se posent sur mon ventre. Il est saturé d'amour, un amour trop grand, trop large, qui prend trop de place. Cela me fait mal. Je m'habille et rejoins David et Yaël. Les lueurs miel de l'aube baignent le salon. Yaël me prépare une infusion, de l'eau chaude où elle plonge de la citronnelle. Les longues feuilles vertes s'enroulent au fond de la tasse transparente. « Prends aussi ces gâteaux pour la route, je les ai faits moi-même », me dit-elle.

Je quitte Isfiya et m'enfonce dans les viscères de la forêt. Le sentier se tord entre les pierres et les branchages. Je m'incline, me redresse, m'appuie contre les troncs, me raccroche aux branches, m'arrête et m'assieds sur une roche qui épouse parfaitement la forme de mes fesses. Au-dessus de moi, les rayons du soleil dansent avec les feuilles, le chant d'invisibles oiseaux se balance d'une ombre à l'autre. L'air est frais, humide. Il flirte avec moi, joue avec mes cheveux, effleure ma peau. Ma tête se pose contre mon sac, ma nuque se relâche, mes épaules se détendent, mes mains se posent contre le velours de mousse qui recouvre la roche. Cet endroit m'inspire confiance. Il règne ici une paix qui invite à s'arrêter, se retirer du monde et se replier vers soi. Je comprends pourquoi les Carmes s'y firent ermites. Je ferme les yeux et médite parmi les esprits du mont Carmel.

Je pense à Marie, portant Jésus. Je pense à cette énergie d'amour qui s'est imposée dans mon ventre au réveil. Je ne suis pas enceinte, je ne suis pas encore mère et j'ignore tout de la grossesse. Est-ce donc ce qu'une future mère éprouve lorsqu'elle attend un enfant ? Marie aurait été préparée à son rôle de future mère dans les temples construits ici par le prophète Élie. Une communauté d'Esséniens, des mystiques juifs, qui croyaient aux forces universelles de la nature et étudiaient les Écritures en parallèle de l'astrologie, la numérologie, ou encore l'herboristerie, l'aurait choisie pour sa pureté d'âme. Elle fut qualifiée de Vierge en ce sens. Ils l'auraient initiée à un haut niveau de spiritualité, avant qu'elle n'accueille Jésus au creux de son ventre, là où tout commence.

La coïncidence entre les sensations qui s'immiscent dans mon corps et les légendes révélées par ces terres me déstabilise. J'ouvre les yeux. Le soleil est déjà haut dans le ciel. Des faisceaux de photons se jettent dans la poussière et chutent entre les arbres, autour de moi. Combien de minutes suis-je restée là ? Un frisson me suggère de repartir.

Le sentier s'élargit, rejoint les cimes du mont Carmel. L'air y est plus sec, la chaleur plus dense. Je me retourne sur la forêt que je viens de traverser. Elle s'évade sous mes pieds. Au fond, les bâtisses d'Isfyia se dessinent comme les pâles silhouettes d'un autre univers. Je me surprends de la distance que mon corps a franchie. Il trace sa voie et prend le pas sur mon esprit qui lui vagabonde, voit, ressent, reçoit, se soustrait à la compréhension et m'arrache au temps et à l'espace. Je vogue dans une autre dimension, qui s'étend et se distend, m'emporte avec elle et m'unit aux énergies de la terre, du ciel, de la lumière et du vent. Une étoffe fine et légère, brumeuse, se tisse entre le visible et l'invisible, aussi fragile qu'une aile de papillon. Je m'y enroule et m'y enfouis. Elle me pigmente des temps anciens.

12 janvier, de Nahal Me'arot
à Zikhron Ya'akov

La rumeur de la route. Les plantations de bananiers et leurs ombres chinoises découpées dans les grands voiles blancs qui les recouvrent. Au fond, la mer éclatante que je touche du bout des yeux. Le chemin va parallèle à la côte, sur les hauteurs du mont Carmel. Je marche parmi les taillis grillés et les pierres grisonnantes. La terre est sèche, brune. Soudain, le souvenir de mon père m'apparaît, net, sous le ciel bleu. Il est joyeux, en train de danser, dans une pleine humeur épicurienne. La vie est belle ! me crie-t-il du regard. Inexplicable ressac du passé. Il navigue depuis plusieurs années parmi les cieux, et le voici de nouveau dans mes pensées. Que vient-il faire parmi les fourrés ? Veillerait-il toujours sur moi ? Ou n'est-ce qu'une projection de ma mémoire ? Je m'approche d'une roche. Je m'appuie. J'expire longuement, de tristesse, de nostalgie, l'impossible remontée du temps perdu.

Le chemin s'enfonce dans les terres, me pousse de nouveau sur les pages du silence et de l'isolement. C'est ainsi depuis mon départ. Il s'écrit entre terre et bitume, pierres et asphalte, calme et agitation. Ce pays est contraste et contradiction. J'ai fini par accepter ces variations, conséquences d'un territoire restreint, où la nature se réduit à mesure que la population s'agrandit. J'en oublierais presque mon amour des immensités. Ma perception s'est modifiée. À pied sur le territoire des ermites, n'est-ce pas un signe de sagesse que de savourer ce qui est ? Si mon cœur s'enchante au contact des parcelles de nature, aussi étroites soient-elles, peut-être est-ce parce que j'entends davantage le murmure des arbres, des feuilles, le galop des herbes sous le vent, la complainte des pierres au soleil. Et si j'entends davantage, peut-être suis-je plus sensible à la vie.

La vie est belle.

Je loue la vie, d'autant plus lorsque le temps m'est accordé de penser à elle. Car la voilà qui éclôt de nouveau en moi comme une chose étrange et singulière, neuve. J'emprunte le regard de l'enfant, qui avale le monde sans s'encombrer d'amarres. Je vois la vie. Je me vois la voir. Elle s'agrippe à mon souffle et mon souffle la porte un peu plus loin. Il la portera jusqu'au bout.

Aux abords d'anciens bains romains, je m'arrête auprès d'une source ombragée. Je fais le plein d'eau et m'apprête à bivouaquer dans la forêt. Un groupe d'adolescents à vélo chahutent autour de la source, s'arrosent les uns les autres, rient à gorge déployée. « D'où tu viens ? » me demande une jeune fille. Les jeunes s'attroupent autour d'elle, me regardent avec curiosité. « De France. Je fais le Shvil », je réponds. « Le Shvil ? En entier ? C'est mon rêve ! Moi aussi ! Mais tu ne ressembles pas à une Française ?! Tu es juive ? Tu as des origines d'Amérique du Sud ? D'Asie ? »

– Ils sont curieux. Moi aussi du coup ! On encadre ce groupe d'ados chaque vendredi. Je m'appelle Tal. J'habite juste à côté, dans la ville de Zikhron Ya'akov. Attends-moi deux minutes.

Je n'ai pas le temps de prononcer un mot que Tal s'éloigne. Il se concerte avec une femme, restée quelques mètres derrière, à côté des vélos. Ils reviennent ensemble.

– Ça te dit de passer la soirée de shabbat avec nous ? Il faut juste qu'on raccompagne les ados et on revient dans vingt minutes. Si tu peux attendre ici, ce serait un plaisir de t'accueillir chez nous !

Moins d'une heure plus tard, j'entre dans une large cuisine américaine, rutilante, envahie de casseroles et de plats. La femme de Tal badigeonne une dizaine de cuisses de poulet d'une sauce au miel, sa fille les enfourne puis se retourne, couteau en main, pour trancher concombres et tomates. Une autre fille arrive. « J'ai préparé deux gâteaux pour le dessert ! » dit-elle. Elle les pose à côté d'une grosse salade verte, qu'elle commence à effeuiller. Je me glisse parmi elles. « Vous voulez de l'aide ? – Non, reste assise ici ! Raconte-nous tes aventures ! On veut tout savoir ! » Et me voilà en train de parler de ma vie tandis que toute la famille s'affaire autour du dîner.

Tal s'assied à mes côtés. Il débouche une bouteille de vin rouge, remplit les verres et m'en tend un.

– On l'a ramené de France celui-ci ! *Côtes du Rhône*. Tu ne seras pas trop dépaysée !

– C'est comme ça tous les vendredis soir ?

– Tu n'as pas encore fait de dîner de shabbat ? Tu verras, à partir de vendredi, fin d'après-midi, le pays s'arrête ! Il n'y a presque plus de voitures sur les routes, les maisons se remplissent, et tout le monde se rassemble en famille pour le dîner. Nos parents, ma sœur, son mari et ses enfants vont bientôt arriver. Tu sais, je suis chercheur et ma femme aussi. On ne croit pas en Dieu ! Comment on pourrait, nous, scientifiques ?! Mais on aime cette tradition. Elle est ancrée en nous. C'est un moyen de nous réunir, de faire une pause, de parler.

Tal lève son verre. Sa femme le rejoint.

– *Lé Haim.* Ça veut dire « à la vie ». C'est comme ça qu'on trinque en hébreu. On est heureux que tu sois là ce soir, parmi nous.

13 janvier, de Zikhron Ya'akov à Césarée

Ce que Tal ne m'a pas dit, c'est que le samedi de shabbat, si les villes s'endorment et les routes se vident, la nature bourdonne. Elle ruisselle de vie. Elle se remplit de marcheurs, de coureurs, de cyclistes. De jeunes amoureux se bécotent dans des voitures planquées sur un bout de chemin. Les airs d'une musique arabo-électro s'accrochent aux bras du vent, s'élèvent par-dessus les arbres, les ruines, les collines. Les tables de pique-nique à l'ombre des pins sont prises d'assaut. Les discussions vont bon train. Les enfants courent comme des abeilles autour des barbecues. La fumée inonde la forêt d'odeurs de viande grillée. Je passe à côté des familles, concentrées sur la préparation de leur festin. Je pense leur être invisible. C'est méconnaître la curiosité des Israéliens. Ma démarche vagabonde attise leur appétit. On me salue, on me questionne, on me tend des olives, des tartines badigeonnées de houmous, des lambeaux d'aubergine grillée, des verres d'eau ou de Coca. Leur spontanéité me rappelle celle des Russes de Sibérie, qui me proposaient des cornichons, des bouts de gras et des verres de vodka.

Je quitte les hauteurs, descends vers la plaine. Les arbres disparaissent. Je rejoins des champs, écrasés par la chaleur, vastes et plats. Ils m'annoncent la côte. Je traverse le village de Jizr al Zarqa, dépasse sa mosquée, m'engage sur un sentier sablonneux, et parviens sur le dessus d'une colline. Elle s'effondre dans la mer. Mes yeux se plissent pour distinguer la courbe de l'horizon. Le bleu couvert de moirures s'unit au ciel lisse et éclatant. La plainte du ressac berce mes oreilles. Je descends de la colline, marche sur une plage de sable fin, frôle la dentelle d'écume déposée par les vagues. Des barques de pêcheurs patientent sur leurs remorques. Des cabanes en tôles bleues, blanches, vertes ou encore aux couleurs de la plage, en pierres et en coquillages, s'ouvrent sur la mer. Des hommes à la peau sombre, aux prunelles noires et au sourire blanc discutent sur des marches, tasse de café à la main. Un vieux poste radio vibre au rythme du reggae. Il émane de la plage de Jizr al Zarqa un parfum de Caraïbes.

Mes pieds s'enfoncent dans le sable moucheté de coquillages. L'iode me chatouille la peau. Ma marche se modifie, prend le parti de la lenteur. Mon souffle se ralentit. Les promeneurs me saluent. « Shvilist ? Bonne chance ! *Shabbat shalom !* » Leurs chiens s'approchent de moi, me reniflent, puis se précipitent contre les vagues. Gueule grande ouverte, ils affrontent les lames aux crinières blanches, aboient, mordent la chair bleue, puis s'en retournent à leurs maîtres, laissant l'ennemi s'écouler entre leurs crocs. Plus loin, des jeunes enfants sont agenouillés au bord de l'eau, remplissent des seaux de sable mouillé et les renversent, d'un air triomphant. À proximité, des parents jouent aux raquettes de plage. Le tac-tac des balles contre le bois se fait écho, bat une mesure régulière, quasi militaire. Une balle tombe près de moi. Je la ramasse et leur apporte. « C'est toujours comme ça sur la plage à Shabbat ? » je demande. « Partout dans la nature ! Surtout quand il fait beau ! Et pour un mois de janvier, on peut dire que c'est plutôt inhabituel. Tu fais le Shvil ? Première fois en Israël ? Eh bien il faut que tu saches ça sur Shabbat : on peut avoir des problèmes toute la semaine, mais à Shabbat, on oublie tout ! *Shabbat shalom !* » Ils rient. Je repars. Le tac-tac tac-tac tac-tac reprend derrière moi.

En fin d'après-midi, j'arrive à l'aqueduc romain de Césarée, dont les arches en pierre sont suspendues au-dessus du sable. J'installe ma tente devant l'une d'elles, en haut d'une petite dune. Délestée de mon sac, je me sens incroyablement légère. Je cours vers le bord de l'eau. La plage se vide lentement. Le soleil descend sur l'horizon. Le ciel se teinte d'un fauve, éblouissant. Trois jeunes femmes voilées se prennent en photo au bord de l'eau. Une famille rassemble ses affaires. La mère hisse la poussette vers l'allée de béton qui rejoint le parking de l'autre côté des arches. Les enfants courent au-devant d'elle. Le père la suit, des jouets plein les bras.

Je m'assieds sur le rivage. La mer engloutit le soleil. Mon regard plonge dans la bande orangée qui tartine l'horizon. Des mouettes tournoient dans le ciel, ivres de liberté. Je retire mes chaussures, glisse mes pieds nus dans le sable tiède. J'écoute la mélodie des vagues. Flux et reflux. Va-et-vient. Aller et retour. Le mouvement incessant, perpétuel. La mer offre un soupçon d'infini. D'ici, j'oublie les frontières du nord d'Israël, l'exiguïté du pays, l'entrecroisement des religions, les mille et une couches de l'Histoire, les combats et les conflits. J'oublie les énigmes du chemin, mes questions et mes réflexions sur mes origines, mes racines, mon devenir. *À Shabbat, on oublie tout.* Plus que des mots, une réalité. En oubliant, l'instant me rappelle à lui. Il me rappelle que je suis.

14 janvier, de Césarée à Hadera

Je flâne parmi les ruines de Césarée, une ancienne cité portuaire bâtie sous la volonté d'Hérode le Grand, alors roi de Judée. Placé sur le trône de Jérusalem par les Romains en l'an 37 avant Jésus-Christ, Hérode souhaita faire de ce site originellement établi par les Perses, puis agrandi par les Grecs, l'un des plus grands ports de la région.

L'ancienne cité est balayée par les vents. Sur son bord, la mer rugit, sombre et violente. Je m'attarde sur les colonnes et les mosaïques avant d'atteindre l'hippodrome. J'imagine la beauté des rues, des anciens temples, leur grandeur. Mais plus j'avance, plus les vestiges me suggèrent un autre point de vue. Si Hérode était ambitieux, on le dit aussi tyrannique et paranoïaque. Il aurait fait exécuter sa femme et plusieurs de ses enfants par crainte d'une rivalité politique. Puis, lorsque la rumeur courut qu'un « roi des juifs » naquit du côté de Bethléem, il aurait fait tuer tous les garçons de moins de 2 ans nés dans la région.

Mon cœur se crispe tandis que mes yeux s'émerveillent. L'obscurité n'est jamais loin de la lumière. Les splendeurs qui m'entourent sont avant tout l'œuvre d'un mégalomane, guidé par l'ego, assoiffé de pouvoir. Voilà ce qui résiste à l'épreuve du temps.

5

Exister

15 janvier, d'Hadera à Netanya

Je passe la nuit dans la ville d'Hadera, au rez-de-chaussée d'un bâtiment à l'allure soviétique : un gros rectangle de béton percé de fenêtres. Mon ange du chemin est une femme à la chevelure noire et épaisse, au visage cisaillé par les rides. Elle vit seule avec ses trois enfants, se débat à chaque fin de mois avec un boulot de travailleur social. Son mari est mort dix ans plus tôt, à Tel-Aviv, dans un attentat suicide perpétré par le Jihad islamique palestinien.

– Je suis désolée, je bredouille.

Elle sort une casserole du placard de sa cuisine, la remplit d'eau, et la pose sur le gaz.

– Tu sais, si j'ai décidé d'accueillir les Shvilistim, c'est pour partager, il n'y a pas d'autre raison. Je suis née ici. Mes ancêtres, mon ADN sont ici. Au départ, tout se passait bien entre juifs et Arabes. C'est ce que me racontaient mes parents.

Ils ont survécu aux camps et sont venus ici, sans rien dans les poches, mais avec toute leur foi. Ils se sont relevés et ils ont tout reconstruit, de leur main. Mais ça a dégénéré à cause du fanatisme, même pas des religions. Ce sont les chefs religieux qui se sont liés à la politique, et ils ont trouvé le bon moyen de nous opposer les uns aux autres, et voilà où on se retrouve. Juifs contre musulmans. Israéliens contre Palestiniens. Et les chrétiens au milieu de tout ça. Heureusement que dans la vie de tous les jours, on dépasse ça. Il y a trois ans, j'ai décidé de travailler pour un centre culturel, qui rassemble Arabes et juifs, dans un village à côté d'ici. C'était un moyen de dépasser ma colère et ma haine, suite à la mort de mon mari. On utilise l'art, comme la danse ou la peinture, pour rassembler. L'art est une très belle chose. Finalement, sans les mots, on arrive à renouer le dialogue.

– C'est ce que devaient faire les religions, à l'origine.

– Oui. Sauf que la réalité… eh bien, c'est la nôtre. Mais tu sais quoi ? Dans ce centre, ça se passe comme toi et moi ! Bien ! De toute façon, nous, les juifs d'ici, nous sommes pareils que les Arabes ! On parle fort, on se prend dans les bras, on conduit comme des fous, on s'énerve vite, on klaxonne, on exagère tout… et on aime l'houmous et les falafels ! On est arabes !

Elle verse dans une casserole des *ptitim*, une version locale du couscous, créée par les pionniers en substitut du riz qui ne pouvait pas pousser sur ces terres. Les petites boules jaunes sombrent dans l'eau bouillante qui d'un coup, s'apaise.

– Je n'ai pas eu le temps de faire les courses et je n'ai que ça. J'espère que ça te plaira. Les enfants adorent. Et toi, il te reste encore un long chemin à parcourir !

Je me couche sur le canapé du salon, le ventre plein, l'esprit embué par le retour de la réalité. Ce pays marche en funambule entre deux guerres. La paix ne tient qu'à un fil. Comme la vie.

Au matin, à la porte, la femme me serre dans ses bras et me crie :

– Vis ta vie au jour le jour ! En hébreu, on dit : *yom yom*. Construis ton lendemain, mais ne t'en soucie jamais ! Car tout peut basculer en une fraction de seconde !

Je quitte la jungle urbaine d'Hadera, rampe dans un tunnel sous une voie ferrée, caresse des ruines, longe le bord d'une forêt. Puis, c'est la mer.

L'eau est belle, d'un bleu sombre qui vire au turquoise par endroits. La plage est déserte. Je marche sur le sable mouillé, à l'ombre de falaises orangées qui s'étirent, s'échancrent et s'effritent sur ma gauche. Elles me sont étrangement familières. J'interroge ma mémoire. Elle me sort un rêve que j'ai fait, la première nuit de mon arrivée à Tel-Aviv. Je me fige, stupéfaite.

Le vent souffle fort. Il gronde à mes oreilles. Les pans de mon foulard se gonflent derrière moi. Je me penche en avant pour mieux avancer.

L'effort. La sueur. Le grincement du sable. Le rugissement des vagues. Un pas. Un autre pas. Une inspiration. Une expiration. Une minute. Une autre minute. Une heure. Une autre heure. Et le *yom yom* qui se balance dans ma tête. Vivre. Au jour le jour. Jour après jour. Je vis entre deux respirations. Je suis entre deux respirations. J'ignore tout de ce que je serai à la respiration d'après. Je peux être, comme je peux ne plus être. Ce pays peut être, comme il peut ne plus être. Ce *yom yom* me renvoie au « Vivez dans l'instant présent, dans l'ici et maintenant » des bouddhistes, au « Carpe diem » d'Horace, au « Cueillez dès aujourd'hui les roses de la vie » de Ronsard. La même conscience s'est propagée à travers les continents. Elle m'apparaît d'autant plus vivace sur cette terre, où la paix badine avec l'éphémère.

Je me tourne vers la mer. Le vent lui décroche de gros rouleaux. Les vagues se fracassent contre le sable, inlassablement. Je lève les bras au ciel, me colle aux embruns, au vent, j'inspire la puissance des éléments et m'exclame : « Les éléments, eux, ne se posent pas de questions ! Ils sont ! » La nature est salvatrice. Elle essuie les pensées tout en cajolant les âmes.

Netanya. Ses tours d'immeubles surplombent la mer. Des nuages barbouillent l'horizon. Le soleil disparaît derrière eux, des franges de lumière en jaillissent. Le ciel est d'or et d'ambre. Je suis la promenade. Des gens gambadent derrière leurs chiens. Leurs visages prennent la couleur du ciel.

Leurs ombres se couchent sur l'asphalte. Une grand-mère peine à se lever d'un banc. Je m'approche pour l'épauler.

– Vous venez d'où ? De France ? Oh, moi aussi il fut un temps où j'étais en France.

Elle parle un français où les « r » roulent comme les vagues.

– Ma sœur est restée là-bas. Elle a peur de venir ici. On ne se voit plus désormais. C'est comme ça la vie ! On fait des choix. Ça demande des sacrifices. Et puis maintenant, je suis plus israélienne que française. Vous aimez Israël ?

– Ouah… il y a vraiment quelque chose de fort ici. Je ne comprends pas tout ce qu'il m'arrive pour l'instant. Mais ce qui me marque surtout, c'est cette force de vie ! C'est sans doute ce que j'ai ressenti le plus chez les personnes que j'ai rencontrées. Je ne sais pas d'où ça vous vient.

Elle passe son bras sous le mien, nous faisons quelques pas ensemble.

– Ma fille, c'est parce que ici, nous sommes en adaptation perpétuelle ! C'est ça notre vie ! Nous sommes tous différents ! Nous venons de partout, d'ici ou d'ailleurs, de tous pays, de toutes religions, toutes cultures. Il faut bien qu'on arrive à communiquer et vivre ensemble !

– Mais vous pensez que vous avez développé une qualité pour ça ?

– La psychologie ! lance-t-elle sans hésitation. Voilà ce que nous avons développé. Un sens plus fin de la psychologie. Pour comprendre les autres. C'est nécessaire ! Chacun devrait travailler là-dessus. Le monde s'en porterait mieux.

16 janvier, de Netanya à Tel-Aviv

Je vois beige et vert. Je respire beige et vert. Ma toile de tente s'est effondrée sur moi. Je me débats pour trouver l'ouverture. Je sors. Les nuages gris ont envahi le ciel. Le vent a encore forci. Je tire mes affaires sur le sable, m'agenouille sur ma toile pour éviter qu'elle ne s'envole, la plie en vitesse. Je m'affale sur le sol, avale quelques dattes. J'ai mal dormi. Toute la nuit, le vent a cogné contre ma tente, a enragé la mer, excité les vagues. Il a déchiqueté mon sommeil.

Je ramasse mon sac et me mets en route. Tête penchée vers le sable, oreilles captives du ressac, j'en oublie les repères du Shvil. Je m'abandonne à la ligne droite du littoral. Elle me semble interminable. Parfois, la mer vient se coller à la falaise. Je cherche alors l'interstice creusé par les eaux qui me permet de me hisser sur le haut de la falaise. J'empoigne la terre sablonneuse, enjambe les déchets balancés par les hommes, et me serre contre le bord, pour retremper mes yeux dans l'immensité bleue. La mer est devenue mon opium. Pendant des années, je lui ai préféré les montagnes, les reliefs acérés, les forêts. Ici, elle m'est essentielle, comme si son chant et sa danse accordaient un nouveau souffle à mon âme.

17 janvier, Tel-Aviv, chambre n° 207, lit n° 7

– Toi, tu as un truc avec le chiffre 7 ! Tu sais ce que ça signifie dans le judaïsme ?

– Non.

– C'est un chiffre super sacré ! C'est celui qu'on rencontre le plus fréquemment dans la Torah. Les sept jours de la Création. Le shabbat, qui est le septième jour de la semaine. Tous les sept ans, on laisse la terre en jachère pendant une année, pour qu'elle se repose. Les sept patriarches d'Israël. Les sept branches de la Ménorah. Il y a aussi les sept lois noahides… Bref, dans la kabbale, le 7, c'est le signe d'un achèvement. Sans doute un signe pour toi ! Tu vas achever quelque chose ici !

– Terminer le Shvil, ce sera déjà une belle chose.

– Et tu voyages depuis combien de temps ?

– Heu… sept ans.

– Tu vois, encore un truc avec le 7 ! Penses-y vraiment ! Pas de hasard !

Son copain enchaîne.

– L'énergie ! Les mots sont énergie. Les chiffres sont énergie ! Tout est une histoire d'énergie et de vibrations dans ce monde ! Faut arrêter avec la matière. La matière, c'est ce qui nous permet de recevoir, de décrypter l'énergie. Vivre en se focalisant sur la matière, c'est comme marcher sans savoir où tu vas ! Imagine que quand tu penses, ce sont des énergies qui se propagent. Et c'est instantané ! Ça dépasse tout ! Et c'est reçu quelque part autour de nous. Rien ne se perd. Rien n'est vain. Il faut faire carrément gaffe à ses pensées, ses intentions. Elles filent plus vite qu'on ne le voudrait !

Il agite ses bras au-dessus de lui, comme s'il cherchait à attraper les paillettes de poussière qui volent au soleil. Je prends le petit-déjeuner sur la terrasse fleurie d'une auberge de Jaffa, la vieille ville située à l'extrémité sud de Tel-Aviv. Deux Français d'une vingtaine d'années se sont assis en face de moi et ont embrayé sur cette discussion. Ils ont quitté la France cinq années plus tôt, ont fait leur *alya*, habitent près de Jérusalem et se font une virée festive de deux jours à Tel-Aviv. Leurs connaissances m'impressionnent. À leur âge, j'étais lancée sur les rails de l'armée, garrottée par la rationalité, emmurée dans le béton des normes et des cadres. Il m'a fallu attendre vingt-huit ans et d'être frappée par la mort de mon père pour sortir brutalement de l'anesthésie, me libérer, et m'unir aux vibrations et à l'énergie qui enflamment l'esprit de ces deux jeunes.

Un gros type arrive. « Salut les jeunes », dit-il dans un anglais mâché. « Je peux ? » Il pose ses fesses sur le même banc que moi. Les lattes en bois se soulèvent d'un coup de mon côté. « Désolé, je pèse un peu plus lourd que toi ! Je m'appelle John, je viens du Kansas. » Il a le visage rond et épanoui, des yeux d'enfant.

– Ah ! Enfin de retour en Israël ! Cinq fois que je viens, et je ne m'en lasse pas. Et toi ?

– Moi ?

– Oui, toi.

– Première fois pour moi.

– Ouah, ça doit être un truc pour toi.

Il ouvre une pita en deux, enduit l'intérieur de tahin, la remplit de fromage et d'omelette et écrase les bords avec ses mains énormes. Il ouvre grand la bouche et fourre le sandwich entre ses lèvres charnues.

– Pas un hasard si t'es là, toi. Ça se sent.

Ses mots s'émiettent entre deux bouchées. Ses joues se gonflent. Ses mâchoires oscillent dans un mouvement circulaire. Il reprend.

– Suis juif messianique. Suis là pour parler de Yeshoua… Jésus.

Djésuss, dit-il. Je souris.

– Ouais. On n'est pas toujours bien vus ici. Tu es catholique ? Faut que tu saches. Y a des juifs qui attendent le Messie. Ce sont eux qui tiennent le pays. Et d'autres qui croient que le Messie, il est déjà venu. Jésus. Du coup, plus besoin d'attendre ! Suis de ceux-là.

Il engouffre la fin de son sandwich, s'essuie la bouche du revers de la main.

– Ce qui est dingue dans ce pays, c'est que tu trouves toutes les croyances. T'as vu les Bahaï à Haïfa ? Non ? C'est une religion monothéiste qui est née en Iran y a pas très longtemps. Y a deux siècles ou un truc du genre. L'harmonie dans la diversité ! C'est leur devise ! Et à côté d'ici, y a même un centre de scientologie ! Tu fais quoi aujourd'hui ?

– Rien. Je me prends une journée de repos.

– Viens avec moi si tu veux. On va aller le voir ce truc de scientologie. Ça m'intrigue.

Une heure plus tard, nous voilà dans les rues de Jaffa, à marcher sous l'appel du muezzin. Une grande baie vitrée donne sur le boulevard. Au-dessus, une large enseigne annonce « Scientologie » en anglais, en arabe et en hébreu. On entre. C'est large, clair et lumineux. Une jeune femme nous accueille. « Vous venez pour vous informer ? Veuillez remplir ces papiers s'il vous plaît. » Elle nous propose de regarder un film de présentation. On s'installe dans une petite salle de cinéma, vide. L'écran s'allume. Ron Hubbard, qui a fondé la scientologie dans les années 1950, apparaît derrière un bureau. Il parle d'un air solennel. Le film vante son parcours, d'abord chez les boy-scouts, puis comme grand militaire, puis comme grand voyageur, puis comme grand découvreur des secrets de la pensée. Ron Hubbard le grand escroc, je pense. Ça m'ennuie. Je m'endors.

Les lumières se rallument. Je cligne des yeux. John me regarde et rit.

– T'as tenu, toi ? je demande.

– Ouais !

– Alors, qu'est-ce que ça raconte à part Ron Hubbard le grand par-ci, Ron Hubbard le grand par-là ?

– Foutaise ! Ce gars, il a juste inventé une technique mécanique pour te griller le cerveau !

Et il te fait croire que tu vas te sentir mieux dans ta vie et être plus performant. C'est de la robotisation. Il utilise la science pour t'en faire une religion ! Rien de spirituel là-dedans !

– J'ai rien raté alors... Ça te dit d'aller voir la mer ? Pour le coup, j'ai besoin de m'aérer le cerveau. Au moins, l'air marin, c'est sain !

La mer est calme cet après-midi. Elle offre de modestes rouleaux à des surfeurs débutants, qui tentent de se dresser sur leur planche. Sur la plage, une femme enchaîne des positions de yoga. Des femmes voilées se promènent avec leurs enfants. À gauche, la vieille ville de Jaffa s'accroupit dans la mer. On s'assied sur les grands cubes de pierre beige. Des tourterelles planent dans le ciel. Je tends mes bras au-dessus de ma tête, étire mon dos, des vertèbres craquent.

– Cela fait presque trois semaines que je marche, je prends le temps de rencontrer les gens, de m'imprégner de la nature, de lire et d'écrire et pourtant, j'ai l'impression de ne faire qu'effleurer ce pays.

– Hey ! Pourquoi crois-tu que je reviens sans cesse ? Chaque fois est différente. Cette terre, on peut en dire ce qu'on veut, du bien comme du mal, mais on y trouve toujours quelque chose. Venir ici, ce n'est pas anodin. Il ne faut pas s'arrêter aux mots, il faut ressentir pour se faire sa propre idée. Ressentir l'énergie. C'est ce que j'aime dans ta démarche. Ne change rien ! Et ce pays, il va te le rendre. Il est minuscule en surface, mais c'est un putain de concentré, ce pays !

– Je sens bien. Mais des fois, je me demande si je suis vraiment prête pour ça. C'est tellement intense ici. J'ai l'impression de ne pas comprendre tout ce que je ressens.

– T'inquiète pas. Cette terre, elle t'a appelée à elle. C'est ce que tu as senti dans ta vision ? Donc, aie confiance. Quand on reçoit ce genre d'appel, ça ne vient pas de nous, mais de beaucoup plus haut.

John repart. « Faut que je leur parle de Djésuss ! » me lance-t-il. Sa grosse silhouette s'éloigne, se dandine de gauche à droite. Drôle de personnage. Je reste à ma mer et mes tourterelles. Assise sur mon cube en pierre, je balance mes jambes dans le vide. Une tourterelle se pose sur mon crâne. Ses pattes légères se coincent dans mes cheveux. Surprise, je rentre ma tête entre mes épaules, elle reprend son envol. Un couple à côté a observé la scène, ils sourient puis me lancent : « Hey ! C'est un bon présage ! » Je ne sais pas quoi répondre, leur rends un sourire.

Je saute de mon cube, m'approche de l'eau, y trempe ma main. Elle est froide. Je déniche un coquillage. L'envie d'écrire en hébreu me saisit. Je réfléchis aux quelques mots que j'ai appris et je creuse le sable mouillé : שביל מלאכים – Le Chemin des anges. Je me recule, admire ma création, fière d'avoir retenu les caractères de cette langue. En écrivant de droite à gauche, il me semble voir le monde différemment. Une longue vague recouvre mes mots. Elle se retire lentement. L'écume dépose de minuscules bulles d'air dans le sable. Mes mots se sont effacés.

18 janvier, de Tel-Aviv à Messilat Zion

C'est l'aube. Le port de Jaffa s'éveille en douceur. Les odeurs de poissons, d'algues et de sel. Les rires des mouettes. L'eau qui clapote contre les coques des bateaux. Les courtes vagues qui courent les unes après les autres. J'inspire profondément. Je lance un au revoir à la mer.

Je monte dans un bus qui me ramène au nord de Tel-Aviv. Le trafic est dense. Le bus est vide. Je me colle à la fenêtre. La ville défile, je lève la tête vers les gratte-ciel, ces géants aux reflets de verre. Toutes les cinq minutes, une grue apparaît, sur le toit d'un bâtiment ou derrière de grandes cloisons de tôle. Des ouvriers sans casque s'agitent sur les échafaudages qui quadrillent les façades. Des marteaux-piqueurs s'excitent sur un coin de route. Plus loin, ce sont des quartiers tranquilles, résidentiels, où les indissociables couples chien et maître flânent sur les trottoirs, à l'ombre des palmiers, où l'on se prend un thé à la menthe ou un café sur une terrasse cachée. La vue de cette ville m'étourdit, m'émerveille. Un siècle plus tôt, il n'y avait que du sable.

Mon cœur est encore plein du bleu de la mer lorsque je rejoins le parc Yarkon, le poumon de Tel-Aviv. Tout est vert. Les arbres et les pelouses ont triomphé des boulevards et des gratte-ciel. Je chemine sur les berges de la rivière Yarkon. Elle déroule son taffetas de jade à travers le parc, se rétrécit puis se met à serpenter comme pour fuir la ville. Le sentier, étroit, se borde d'eucalyptus et de hautes herbes qui me dépassent par leur taille. La brise chuchote entre les feuilles. Dissimulée entre un double rideau de verdure, je ne vois plus que ce qui le coiffe : le ciel, bleu, rayonnant. « Mon Dieu ! Je marche vers Jérusalem ! » Plus de 100 kilomètres me séparent de la ville sainte. Atteindre cette destination grâce à mon seul corps m'exalte. Pour la première fois, je me sens l'âme d'un pèlerin. « Jérusalem ! » Comme écho, le râle de l'autoroute. Derrière leur volant, les conducteurs mettront moins d'une heure pour relier Tel-Aviv à Jérusalem. Il me faudra quatre jours.

Pendant trois jours, je vais gaillardement de la plaine côtière vers de discrètes collines, bivouaque dans des bouts de forêt. Le chemin me balance d'un côté à l'autre de l'autoroute où se presse une noria de voitures, m'amène à travers des champs nus au parfum désagréablement acide, me tire sur le bord des villes, des zones industrielles. Quelquefois, comme pour s'excuser du tumulte de la modernité, il me propose l'amitié des cèdres, des vignes, des oliviers, ou le vieux récit de ruines ottomanes ou romaines. Alors, je me pose sur les pierres, mange des dattes et rêvasse au soleil, songeant à une époque où l'homme vivrait en harmonie avec la nature, où l'on ferait l'éloge du retrait, de la marche, de la cueillette, de la poésie, de la méditation. « Utopie ma vieille », me dis-je quand je repars. Qui y croit encore à part toi ? Même les moines bouddhistes du Tibet mangent de la viande et préfèrent les 4x4 à la marche.

Un tunnel gronde sous l'autoroute, des graffitis en anglais me rappellent à l'ordre : Vivez l'instant ! La vie est courte, attrapez-la ! Je me raccroche alors à la terre humide, souple, je concentre mon attention sur le rythme de mes pas. Et j'avance. J'avance sur le brun chemin, j'avance sur les courbes qui s'élèvent timidement, j'avance jusqu'à n'entendre plus que mon corps qui avance. Le monastère de Latrun s'esquisse derrière des grilles. Il a été bâti par des trappistes, à la fin du XIXe siècle. Paraît-il qu'on y fait du bon vin et une divine huile d'olive. Choyer le corps, c'est choyer l'âme.

Je grimpe vers le village de Neve Shalom – Wahat al-Salam, qui signifie « Oasis de paix » en hébreu et en arabe. Ce village a été fondé par un frère dominicain d'origine juive, né en Égypte, Bruno Hussar, dont la vision était de créer une grande école de la paix. Le village est devenu un symbole fort de coexistence entre juifs et Arabes palestiniens. Une cinquantaine de familles y vivent ensemble, organisent des événements ensemble, administrent le village ensemble. L'école est bilingue et binationale. Une demi-sphère blanche abrite un centre spirituel, baptisé Doumia – Sakinah, *Doumia* signifiant « silence » en hébreu et *Sakinah* « sérénité » en arabe. S'y tiennent des dialogues autour des différentes religions et spiritualités.

En dépit des différences culturelles et des conflits qui cinglent leur histoire respective, juifs et Palestiniens ont décidé d'œuvrer dans ce village à un avenir plus paisible. Des hommes, des femmes et des enfants étaient morts, des deux côtés. Certains mouraient encore, des deux côtés. Pourtant, ces familles l'avaient compris : pour continuer, il leur fallait dépasser le passé, et changer.

Une épaisse forêt se referme derrière moi. Le ciel s'assombrit. Le vent siffle entre les branches, le bois grince, les oiseaux se taisent. L'air est dense, pesant. Mes pas s'alourdissent, ralentissent, creusent la terre noire du sol. Des esprits rôdent en ces lieux. Ils me poussent en moi-même. Le mot « unité » me heurte, comme un besoin tiré des derniers jours. Art, science et religion. Juifs, musulmans et chrétiens. Homme et nature. Corps et âme. Divisions à l'extérieur de soi. Divisions à l'intérieur de soi. Le monde s'est fracturé en même temps que nous nous fracturons. Si j'entrouvre la crypte de ma conscience, je perçois des fragments qui se contredisent, s'affrontent puis errent dans un abîme qui tente de les assembler, les réconcilier. J'ai faim de nature mais pour le moment, je vis en ville. Je suis en quête de sérénité mais parfois, des accès de colère ou de tristesse me gagnent comme des accès de fièvre. Je connais la force de mon intuition mais parfois, je l'omets au profit de ma raison. J'aime aimer mais parfois, j'ai le sentiment de ne pas aimer assez. J'aime l'humanité. Mais parfois, je la déteste.

La réalité de ce pays me renvoie à la mienne. Avant de me pencher sur le monde, ses scissions, ses contradictions, il me faut retrouver de la cohérence, de l'unité en moi-même. Le changement est une mécanique aux rouages multiples, complexe, difficile à enclencher, d'autant plus lorsqu'elle est rongée de rouille. À chaque instant, l'un des rouages peut coincer, s'enrayer. Et si la roue commence enfin à tourner dans un sens, elle peut soudain s'arrêter, et s'inverser. Cette mécanique s'amorce d'abord et avant tout en soi-même.

Le soir arrive, gris et frais. Je me réapprovisionne dans la supérette d'une station-service. Plantée sous le porche, j'engloutis un paquet de chips arôme « crème et oignons », tout en observant les voitures s'arrêter, les conducteurs en sortir, faire le plein d'essence. Un jeune gars aux cheveux mi-longs m'observe à son tour. Son regard tombe sur mon sac de randonnée.

– Tu fais le Shvil ?

– Oui.

– Et tu dors où ce soir ?

– Je ne sais pas encore. Je pense que je vais poursuivre dans la forêt.

– Viens chez nous ! Je vis avec ma copine à quinze minutes de route. On accueille parfois des shvilistim comme toi. Tu pourras rattraper le chemin derrière chez nous.

Je grimpe dans sa voiture déglinguée.

– Ça te dérange pas s'il vient sur tes genoux ?

Il me tend son chien, une version miniature du lévrier. Sa langue rose pend, inerte, sur le côté. De la bave coule sur mon pantalon.

– Qu'est-ce qu'il a à sa langue ?

– Il n'a plus de dents. Il ne peut pas la ranger. Au fait, je m'appelle Haim.

La route s'engage entre les monts de Judée, garnis de bosquets et de broussailles. Ils se bombent, généreux, vers le ciel. L'apparition des reliefs me réjouit.

La maison est nichée sur l'un des flancs nord, cernée par les arbres et les plantes.

– Je travaille dans un champ pas très loin, on développe l'agriculture bio, me dit Haim. Tu connais ces plantes ?

– Non.

– Elles sont sauvages. J'apprends à les reconnaître et je les répertorie. Regarde ces feuilles, c'est de la sauge.

Il en arrache une poignée et me la tend. Mes doigts se posent sur les feuilles. Elles sont douces, duveteuses. Je les frotte, les renifle. Elles sentent fort.

– Prends-en avec toi, c'est léger. Tu les fais infuser dans de l'eau bouillante. C'est super bon quand tu as mal au ventre.

Il avance vers un arbre.

– Tu vois ces petites boules orange qui ressemblent à des abricots ? C'est des loquats. Goûte mais surtout crache le noyau, il est toxique.

Je croque dans la chair. Elle a la saveur d'une mangue dure et acidulée. Je crache le noyau comme il m'a dit. Haim se penche sur la végétation, la caresse de sa paume, en admire les détails. La nuit tombe. Il commence à pleuvoir. Les gouttes sont glacées. Je tremble de fatigue et de froid. Nous rentrons.

Le chien se jette sur son bol de croquettes.

– Comment fait-il pour manger s'il n'a plus de dents ?

– Il s'est adapté. Il avale ses croquettes et boit beaucoup. Apparemment, ça lui convient bien. Installe-toi dans la chambre, elle est au fond, prends ta douche, fais comme chez toi. Nathalie va bientôt arriver. Dans moins d'une heure je pense.

Je reste longtemps sous l'eau brûlante. La salle de bains s'évanouit dans la vapeur. Un nuage d'humidité plane le long des murs, sur le plafond, puis s'échappe par la fente au-dessus de la fenêtre. Derrière la porte, j'entends une fille parler, puis des rires. J'éteins l'eau, sors de la douche, essuie le grand miroir plein de buée. J'ai beaucoup maigri. Je scrute ma peau écarlate, la large égratignure sur mon épaule gauche, mon abdomen creusé, les gros bleus sur les os saillants de mes hanches, les griffures brunâtres et les bosses sur mes jambes. Quelque chose a changé sur mon visage. Je m'approche davantage du miroir. Une tache brune et longue comme le noyau d'une datte est apparue sur ma peau, à droite de mon nez. Le chemin a modelé mon corps en plus de le marquer, à vie.

J'enfile des habits propres, vais dans le salon. Nathalie m'accueille avec un large sourire. Elle a de beaux cheveux bouclés, de grands yeux noirs, le teint doré. La figure d'une princesse du Moyen-Orient. Elle se lève du canapé et me serre dans ses bras. « Bienvenue, sister. Heureuse que tu sois là ce soir. Tu fumes ? C'est de l'herbe. » Elle me tend un joint. J'hésite, la regarde, ses prunelles étincellent de tendresse. Je prends le joint, m'assieds sur le canapé, tire une latte. Je tousse. « Il est fort ! » Nathalie éclate de rire et se tourne vers Haim. « C'est vrai que tu l'as chargé celui-là ! »

J'expire longuement la fumée. L'odeur de cannabis s'épanche.

– Cela fait des années que je n'ai pas fumé.

Je m'affale un peu plus dans le canapé. Je prends une autre latte.

– Ici, c'est normal ! Même les policiers fument ! me disent-ils. Hey sister ! Parle-nous un peu de toi !

– De moi ? Pas grand-chose à dire. Je suis une grande amoureuse du voyage, de la nature, de la marche, des gens. Oui, j'aime les gens aussi, même si parfois ils me déçoivent.

– C'est bon d'entendre parler quelqu'un de ce qu'il aime. Souvent, quand on accueille des Européens, ils commencent par parler de leur métier. Oh… qu'est-ce qu'on s'en fout de ça.

L'important, ce qui nous intéresse, c'est ce qu'on est, pas ce qu'on fait !

Nathalie se lève. La délicatesse accompagne ses mouvements. Elle disparaît dans la cuisine, en ramène une grosse marmite.

– *Chicken soup* ! T'as déjà mangé ça ici ? Tu ne peux pas venir en Israël sans avoir mangé la *chicken soup* ! Typiquement juif ! Haim est adorable. Je ne me sentais pas bien hier, et il m'a préparé ça. Tant d'amour. Je me suis levée ce matin, et tout allait bien !

Elle l'embrasse, nous verse de la soupe dans de grands bols. Des morceaux de poulet, d'oignons, de carottes et des branches de thym flottent dans le bouillon chaud. La soirée est exquise. Sur fond de Queen au tourne-disque, nous baignons entre deux mondes, celui du réel et des chimères, d'où se dégagent nos réflexions sur la vie, nos anecdotes de l'armée, de nos voyages. Nous parlons comme si nous nous connaissions depuis toujours. Nos mots se posent lentement, se suspendent dans le vide, rôdent autour des volutes de fumée, jusqu'à ce que l'un d'entre nous s'en saisisse et leur redonne vie.

– Depuis que je suis arrivée ici, je me pose pas mal de questions sur mes origines.

Je passe le joint à Nathalie.

– Tes origines ? Mais sister, on est tous comme ça ici ! me dit-elle. Regarde. Moi. Ma mère est moitié égyptienne, moitié syrienne. Mon père est moitié turc, moitié espagnol. Mes grands-parents se sont rencontrés ici, en Israël, car ils ont été expulsés. Ils étaient juifs et on ne voulait pas d'eux là-bas.

– Et moi, enchaîne Haim, j'ai du sang chilien et roumain. Imagine le mélange.

Ils rient.

– C'est génial d'avoir plusieurs origines ! Ça ne devrait pas être une question pour toi. Avoir une seule origine ? Ça existe ça en France ?! Impossible ici ! Ici, tout est mélange. C'est pour ça que ce pays est beau.

La musique s'est tue. Un silence s'installe. Nathalie prend un bol tibétain entre ses mains.

– J'ai ramené ça aujourd'hui, dit-elle. Je l'ai déniché pour le décor d'une scène de cinéma, et j'ai décidé de le garder. Il était juste trop beau, ce bol !

Elle prend le maillet en bois dans une main, cogne le bol cuivré, puis fait tourner le maillet contre ses bords. Nous fermons les yeux. Le son résonne, longuement, puissamment, ondule imperceptiblement autour d'une même fréquence, glisse comme une caresse sans fin, vogue parmi nous, surfe dans la totalité de l'espace, puis s'affine, s'effile, se suspend un peu plus à la ligne du temps, fond dans un léger tremblement et s'arrête. J'ouvre très doucement les paupières. Le son résonne encore en moi, en chacune de mes cellules. Je me sens profondément apaisée. À leur tour, Nathalie et Haim rouvrent les yeux. Dans leurs iris, je capte la même vague de sérénité.

Le chien nous ramène à la matérialité. Il gratte la porte, il veut sortir. Haim se lève et lui ouvre.

Il se penche sur le tourne-disque et remet Queen en marche. *It's a kind of magic. It's a kind of magic.* Nathalie me passe le joint.

– Tiens, au fait, tu sais que Nathalie, c'est un prénom français ?

– Hey ! Comment as-tu lu dans mes pensées ? C'est exactement ce que je voulais te dire ! Ouah… on est vraiment connectés ce soir ! Comment les gens ne peuvent pas comprendre ça ? Y a tellement d'autres choses que ce qu'on voit. L'invisible ! Les vibrations ! Tout est lié dans cet Univers !

It's a kind of magic. It's a kind of magic.

– Ouais, tout est lié dans l'Univers. La vie est magique, dit Haim. Fuck les politiques. C'est eux qui nous emmerdent. Tu vois cette maison où on est ?

– Elle est super ! Spacieuse. J'aime beaucoup ces arches blanches.

– Nous aussi on aime ce grand espace. Ces arches. Ça change des maisons où tout est divisé. Elle a été construite par les Anglais, quand ils étaient là avant, à l'époque où Israël s'appelait la Palestine. Comme les quatre maisons qui sont un peu plus bas. Mais bientôt, dans quelques mois, on va devoir partir. Pas le choix. Ils vont les détruire. Décision du gouvernement… ouais… Fuck les politiques.

This rage that lasts a thousand years. Will soon be, will soon be, will soon be gone.

– Mais… vous allez partir où ?

Nathalie prend ma main entre les siennes. Elles sont chaudes.

– Où ? Sister, on ne se pose même pas la question. C'est sans doute le plus bel enseignement que m'a transmis ma famille : tout ce qu'on doit savoir, c'est qu'on trouvera. La vraie foi, elle est là.

Elle pose sa main sur mon cœur.

21 janvier, de Messilat Zion à Ein Kerem

La végétation frémit sous la froide lumière du matin. Un amandier me tend ses fleurs rosées, grelottantes, couvertes de perles de pluie. L'échine des monts de Judée me prête ses hauteurs. Je vais de l'un à l'autre de ses versants arborés, dénudés par l'hiver. En bas, des nuages blancs inondent la vallée. Ils flottent, paresseux, entre deux flancs. Ils s'effilochent contre les troncs noirs. Une estampe à l'encre de Chine. Des silhouettes jetées dans un ample espace. Un silence épuré et inspiré. L'esquisse du plein sur le vide. Cela vaut tous les mots, toutes les pensées.

22 janvier, Jérusalem

3 h 33 du matin. La nuit m'agite. Je me tourne et me retourne dans mon lit. Mon cœur bat vite. Impossible de dormir. J'allume la petite lumière de chevet. Je lis un passage de mon livre sur la kabbale. *Chacun déclare que son Dieu est le vrai et que les autres sont faux. C'est avec*

cette sorte d'arguments qu'on s'étripe depuis des siècles. Bienvenue à Jérusalem. Le livre enchaîne sur le sens secret de Dieu, qui est Un, non en termes de quantité mais de qualité. Tout est Un. L'observateur et l'observé, le créateur et le créé, celui qui connaît et le connu. Revenir à cette unité est la clé, nous sommes la porte. Ça rejoint le taoïsme. Puis, je pense, que nos portes sont blindées.

La concentration me lâche. Je ferme le livre. Vers 5 heures, mes yeux sont toujours grands ouverts sur la moustiquaire de la fenêtre. Le réverbère de la rue dépose une buée de lumière sur mon lit. Puisque le sommeil me fuit, je ferais mieux d'aller voir le soleil se lever. Je saute du lit, sors de l'auberge. Un vent glacial me gifle. La nuit est sombre. Les rues sont désertes. Je marche à grandes enjambées, longe les rails du tramway. Les trottoirs sont larges, propres. Les boutiques et les restaurants sont encore fermés. On vendrait de tout ici. Souvenirs, livres, vêtements, chaussures, cosmétiques, bijoux. La nouvelle ville de Jérusalem est incroyablement moderne.

Ce fut un choc lorsque j'y suis arrivée la veille. Bercée par mon imaginaire – ou était-ce mon romantisme ? – je m'attendais à ce que les monts de Judée s'ouvrent progressivement sur les sept collines de Jérusalem et enfin sur les remparts de la vieille ville. Je marchais allègrement vers mon mythe. Au crépuscule, le chemin a quitté les arbres et les taillis, il s'est arrêté dans le charmant village d'artisans d'Ein Kerem, aux ruelles colorées par les fleurs et les palmiers. J'ai fait du stop, une voiture s'est arrêtée. « Vous allez où ? – Jérusalem. – Moi aussi, montez. Ça vous va si je vous dépose dans le centre, du côté du marché Mahane Yehuda ? » J'ai dit oui, ça me va, sans savoir ce qu'étaient le centre et le marché. La voiture a démarré, le paysage a défilé. Les maisons, les immeubles et les routes enveloppaient les collines de mon mythe. Le vert de la nature avait succombé au blanc, au gris et au sable des constructions amoncelées. Un tramway flambant neuf traversait la ville. Son sifflement s'insinuait parmi la foule des passants. En s'attirant la fascination des hommes, Jérusalem s'était urbanisée. Cette évidence m'avait échappé.

Mes pas résonnent dans la nuit. Sous la lumière blafarde des réverbères, mon ombre s'allonge puis se rétrécit. D'autres ombres surgissent. Les hommes en noir, les *Haredim*, les ultra-orthodoxes. Je n'en ai pas vu depuis Tzfat. Ils foncent, tête baissée, Torah à la main, d'un pas plus vif encore que le mien. Leurs papillotes sursautent sous leur chapeau rond. Leur arrive-t-il de lever les yeux pour contempler le paysage ? J'entends le froissement de leur long manteau, le bruit étouffé de leurs semelles de caoutchouc qui écrasent le sol.

La ligne de tramway se courbe, descend, vire sur la gauche et soudain, mon mythe devient réalité. Les remparts dorés de la vieille ville de

Jérusalem se lèvent devant moi. Ils sont massifs, imposants, impressionnants. Leurs larges créneaux s'encastrent dans le ciel d'encre. Les innombrables briques de pierre sont collées les unes aux autres, au-dessus des autres, se teintent de différentes nuances d'un blond sablé, réchauffé par la lumière ambrée des projecteurs. À leur pied, l'ombre des hommes en noir défile comme dans un rêve. Je suis leurs traces.

Je pénètre à l'intérieur de la vieille ville par la porte Jaffa. Sous le porche haut et large de plusieurs mètres, mon pas se ralentit, me freine, comme s'il hésitait à aller plus en avant. Le vent, toujours glacial, se vrille autour de moi, puis me pousse hors du porche. J'amorce un pas, puis un autre. Les ruelles partent dans tous les sens. En l'absence de carte, je sors mon instinct, et marche, continue de marcher, sans plus m'arrêter.

Un dédale de ruelles étroites et couvertes. Des rideaux métalliques baissés. Des portails en fer cadenassés. Des pavés usés par les pas, les millénaires, lisses et brillants comme de la soie. Des murmures venus de nulle part. Les hommes en noir se précipitent tout droit. Je bifurque à droite. D'autres ruelles me mènent plus loin, plus profond dans le ventre tortueux de la vieille ville. Entre ses murs, le vent s'est fait chasser. Je commence à avoir chaud. Un ruban de nuit se déroule au-dessus des hautes parois couleur sable du désert. Le ciel s'électrise. Les cloches sonnent quelque part autour de moi. Je presse le pas, focalise mes pensées sur un endroit d'où je pourrais contempler le lever du soleil. Je ne veux pas le rater.

Des escaliers m'amènent plus haut, encore des ruelles, des arches, des fenêtres protégées par de jolies grilles courbées, des palmiers solitaires, des plantes qui tombent contre les pierres, des petites places cachées, un porche puis, une large terrasse, déserte. Le retour du vent. Il balaie ma chevelure. Un gros chat blanc saute d'un banc et s'échappe derrière moi. Je m'approche de la rambarde, la vue s'ouvre comme un gouffre. L'ébahissement. Au fond, le dôme du Rocher, troisième lieu saint musulman après La Mecque et Médine, dont la grosse coupole dorée se détache du clair-obscur. À ses pieds, le mur des Lamentations, l'unique vestige du deuxième temple de Jérusalem. Des dizaines de silhouettes jaillissent des différents coins de l'esplanade puis convergent vers lui, mues par une forme de magnétisme, d'attraction, s'alignent et se regroupent contre lui. À gauche, une masse sombre, mouchetée d'éclats blancs. Les hommes en noir, coiffés de leur talit, leur châle de prière. À droite, une masse plus claire et plus parsemée, plus colorée. Les femmes. Partout, une douce et lente rumeur qui s'élève, légère, virevolte au vent, et se perd dans l'immensité de l'aube. Elle est comme aspirée par le ciel qui s'éveille.

Les nuages se gorgent d'un rose orangé. Le soleil apparaît. La boule fauve, énorme, monte et monte encore, irradie la place, le mur, le dôme, puis se détache de la vieille cité qui semble lui avoir donné naissance. Elle s'accroche aux nuages. Le ciel s'enflamme. Je reste plantée dans le froid, captivée par cette fresque, envoûtée par la ferveur que dégagent les prières. Des larmes me viennent. Elles coulent, chaudes, le long de mes joues. Je pleure, je souris, renifle, pleure encore. Je me mouche, m'essuie le visage, mais ça coule toujours. Je suis heureuse. Je suis triste. Joie ? Chagrin ? Je ne discerne plus les émotions qui éclatent en moi comme des cris ou des rires. Tout se mélange dans une grande valse intérieure. J'en ai des vertiges.

– Tout va bien ?

Un homme à kippa se tient debout à côté de moi. Je rougis.

– Heu, oui…, dis-je en me mouchant. L'émotion. Je suis trop sensible.

– C'est bon de pleurer, de laisser aller ses émotions. Trop peu de personnes le font. Il ne faut pas en avoir honte. Et je te dirais que c'est un très bel endroit pour ça. Dans le judaïsme, on considère les pleurs comme le pouvoir de ressentir Dieu à l'intérieur de soi. Cela signifie que tu t'abandonnes à ta *émouna,* et que tu laisses ta raison de côté.

– La *émouna* ?

– La foi en hébreu.

Je me redresse.

– C'est précisément ça qui me déstabilise. Je veux dire, tout le monde parle de Jérusalem, partout dans le monde, presque quotidiennement, les télés, les journaux, les réseaux sociaux et j'en passe. Mais, ça, juste ça, la beauté de cette vue, de cette foi, cette… dévotion ! Personne ne m'a parlé de ça, personne ne m'a préparée à ça. Je ne suis même pas juive ! Donc, y a bien un truc là ! Je ne l'invente pas !

L'homme sourit. Son regard m'inspire une grande sagesse.

– Première fois à Jérusalem ?

– Oui, je fais le Shvil. J'ai fait un petit détour pour passer une journée ici. C'est court, mais bon… je ne pouvais pas ne pas venir à Jérusalem, même si ce n'est qu'une journée !

– Le Shvil ? Seule ? Entièrement ? Tu es courageuse. C'est pour ça que tu es sensible. Tu t'es imprégnée des lieux, de leur énergie. Tu marches comme nos ancêtres l'ont fait dans le désert ! Je viens de Suisse. Je me suis converti au judaïsme et je suis maintenant rabbin à Tzfat. Moi aussi, d'une certaine façon, je suis de passage à Jérusalem ! J'ai juste plus de temps que toi.

Il rit.

– Et en une journée, quel serait le meilleur conseil pour visiter cette ville ? Jérusalem… c'est si riche !

– Laisse ton âme te guider ! Regarde où elle t'a déjà amenée !

Le rabbin s'éloigne. Je reste seule. Un bout de Tzfat me retrouve à Jérusalem. Tzfat me semble si loin déjà. Je me souviens alors de ce qu'on m'avait dit là-bas, à propos des éléments associés aux quatre villes sacrées : Tzfat, l'air. Tibériade, l'eau. Hébron, la terre. Et Jérusalem, le feu.

Feu de joie. Feu de tristesse. Feu de haine. Feu d'amour. Le feu peut consumer comme animer, il peut détruire, comme il peut éclairer. Il peut symboliser l'anéantissement. Ou la renaissance. Oui. Jérusalem, terre de feu.

Le soleil est éblouissant. Je repars dans l'ombre des ruelles. Elles prennent vie. Désertes il y a quelques heures, elles se sont remplies du brouhaha des passants. Dans le vieux souk, les rideaux métalliques se sont levés sur un pot-pourri de marchandises. Les têtes de dromadaires en peluche frôlent les croix ou les crèches, les ménorahs et les étoiles de David côtoient les chapelets chrétiens ou musulmans, les sacs « I Love Jerusalem » pendent au-dessus des cierges et des bâtons d'encens. Des groupes de touristes-pèlerins – ou sont-ils des pèlerins-touristes ? –, s'attardent devant les étals, se laissent parfois convaincre par les commerçants à l'affût. *Welcome my friend. You want to look my shop ?* Ils entrent alors dans la boutique étroite, ne sachant plus ensuite comment se débarrasser de leur hôte. Je me faufile entre les touristes-pèlerins, évite les *Welcome my friend,* et poursuis mon errance dans d'autres ruelles. Mon regard est intrigué par une petite porte. Derrière, ça s'agite. Je passe la porte. Une place s'ouvre sous le ciel béant. Un échantillon des ramifications du christianisme. Des sœurs bénédictines coiffées d'un voile blanc. Des Grecs orthodoxes en robe noire, à la barbe grise, chapeau cylindrique sur la tête. Des franciscains en soutane, corde autour de la taille. Si la religion les distingue, la géographie les rassemble. Autour, des dizaines de pèlerins. Derrière eux, les arches et la haute façade en pierre de la basilique du Saint-Sépulcre. Sans la chercher, je l'ai trouvée.

Je pénètre dans la basilique. Le vent s'engouffre derrière moi. Au sol, des personnes agenouillées, en pleurs. Elles caressent une longue pierre ocre, lézardée, y appuient leur front, l'embrassent. La surface de la pierre est légèrement ondulée, comme érodée par les millions de mains qui s'y sont posées. C'est sur cette pierre, dite pierre de l'Onction, que le corps de Jésus aurait été lavé et enveloppé dans le Saint Suaire. J'en fais lentement le tour. Mes yeux ne parviennent pas à se détacher des pèlerins amassés autour de la pierre. On dirait que le corps de Jésus y repose toujours. La musique de leurs pleurs se fixe dans mes tympans. Mon cœur s'agrippe à ma poitrine. Ma gorge s'étrangle. Une quinte de toux me prend. Je me retourne, étouffe le bruit avec la paume de ma main. Devant moi, de grandes marches. Je monte. Une explosion de dorures. L'air est imbibé d'encens. Derrière un rideau de lampes à huile, une représentation du Christ sur la croix. Je marcherais sur le sommet du Mont Golgotha – Mont du crâne, selon la langue araméenne – où Jésus aurait été crucifié. L'intérieur de la chapelle est étroit, confiné. Mon imagination creuse les lieux, abat les murs et le toit, supprime les pierres, les pavés, les remplace par de la terre. Une croix tiendrait-elle là ? J'apprendrais plus tard qu'un autre lieu, un jardin à l'extérieur de la vieille ville appelé jardin de la Tombe, fut aussi désigné comme le mont Golgotha. On y trouverait un rocher escarpé dans lequel deux cavités esquisseraient la forme d'un crâne.

Je redescends, m'égare dans la basilique, arrive dans une rotonde soutenue par des colonnes, surmontée d'un dôme immense, majestueux. En son centre, un trou d'où se jette un cylindre de photons. Le faisceau blanc laiteux se mêle à la poussière, aux murmures et aux prières puis chute contre les pavés. Le temps se suspend. C'est irréel. Au centre, l'édicule du Saint-Sépulcre, où se trouverait le tombeau du Christ. Une trentaine de personnes attendent les unes derrière les autres pour y accéder. Je me questionne, j'hésite, je finis par me ranger derrière eux. Les deux femmes qui me précèdent parlent russe. L'une enchaîne les signes de croix. L'autre bouge les lèvres autour de prières muettes.

La file avance vite. On arrive devant l'entrée, basse. Un pope grec régule le flux. « *Thirty seconds* », dit-il. La femme russe accélère ses signes de croix. Elle se baisse, s'engage dans la minuscule chapelle. Je me baisse à mon tour. Tout se bouscule. Les cris et les pleurs de la femme russe devant moi. Les prières derrière moi. La pierre et les cierges devant moi. Je ne sais pas quoi faire. J'esquisse un signe de croix. Il faut sortir. Je sors. « *Good bye, thank you, God bless you* », me dit-on. La mécanique est bien réglée. Je suis sonnée. Je n'ai rien vu, rien compris.

Je quitte la basilique. Sur la place, j'inspire profondément, comme si l'air froid pouvait m'aider à recouvrer l'esprit. Je resserre mon foulard autour du cou, lève les yeux au ciel. Il fait déjà nuit, les premières étoiles frémissent. Le muezzin appelle à la prière. Le minaret se dresse en face de moi, auréolé d'une lumière verte. Je décide d'achever ma journée dans le quartier musulman.

Toujours le même dédale de ruelles. Mais cette fois-ci, des soldats armés, des marchands de shawarmas, de pâtisseries orientales, des ados qui poussent des brouettes chargées de gros pains ovales, quelques femmes voilées qui marchent sans s'arrêter, et beaucoup d'hommes. Ils se tiennent assis ou debout devant leurs échoppes, regard dans le vide, ou discutent tranquillement entre eux. Les odeurs d'encens, de miel et d'épices flottent entre les murs. J'ai faim. J'ai envie de falafels.

– Tu viens d'où ? me demande le vendeur.

– De France.

– France ?

Il m'observe d'un air étrange. Ses pupilles sont sombres.

– Je suis métissée. Ma mère est indonésienne et mon père français. Elle a pris l'avion et voilà, c'est en France que je suis née !

Je ris. Lui non.

– Eh bien moi, je n'ai pris ni l'avion, ni le bateau. Je ne viens ni des airs, ni de la mer. Je suis né ici. Je viens d'ici. Je suis un original d'ici.

Je me sens bête. Je continue de sourire. Une serviette s'envole, il la rattrape au vol. Il l'enveloppe autour de mon sandwich puis me le donne.

– Ton sourire est lumineux. Vraiment. Si tout le monde était comme toi ici, ça se passerait mieux. *Fucking war*. J'ai aussi vécu dans plusieurs pays. En Angleterre, en Allemagne, en Arabie Saoudite et aux États-Unis. C'est là-bas que je suis resté le plus longtemps. Mais quand il y a eu le 11 septembre, ils m'ont viré de l'hôtel où je travaillais car ils ont su que j'étais palestinien. *Fucking America*. Ils peuvent se la mettre au cul leur carte verte. Et voilà. Je suis revenu ici. *Fucking life*.

Il lève la tête vers le rectangle de nuit étoilée, expire puis revient sur moi.

– Tu veux un jus de grenade aussi ?

Il prend un long couteau, coupe net une grenade en deux, insère une moitié dans la machine à presser, baisse le levier d'un geste sec, recommence avec l'autre moitié. Le jus s'écoule d'un trait. Je prends le verre en plastique, boit quelques gorgées.

– Mais l'Indonésie, c'est musulman ? Ta mère est musulmane ?

– Oui.

– Ah ! Tu es une sœur alors ! Tu me diras, ta mère, elle doit être bien en France. C'est un pays musulman maintenant !

Il rit. Je ne sais plus quoi dire. Ma main se contracte sur le verre. Le liquide pourpre déborde, coule sur ma peau.

– Heu… j'aimerais voir l'esplanade des Mosquées. C'est dans quelle direction ?

– L'esplanade ? Ça fait longtemps que c'est fermé ! Heures d'hiver ! Va falloir que tu reviennes demain matin pour ça. Si Allah le veut ! Inch'Allah comme on dit entre nous !

Je quitte la vieille ville par la porte de Damas, sous le regard de trois soldats imberbes qui en gardent l'entrée. Leur jeunesse me marque. Je monte de larges escaliers, m'assieds sur les marches qui cernent les remparts crénelés. L'espace se déploie soudain de chaque côté, il me paraît démesuré. La nuit est grande, illimitée. Le vent galope sur les pavés. Plus rien pour le freiner. Les musulmans vont et viennent machinalement sous le porche de la vieille ville. Parmi eux, quelques touristes, appareil photo au cou, le nez en l'air, la démarche légère. Je me sens lourde. Mon esprit est encombré. Il n'est plus qu'embouteillages d'images, de mots, de sensations, de questions.

Je me demande s'il est possible de prendre du recul, de la distance en vivant dans cette ville aux ruelles exiguës, dans ce labyrinthe de pierres où les flux d'énergie circulent avec fougue, comme ce vent d'hiver. Les flux jaillissent des personnes, des lieux, de l'Histoire, vont de l'un vers l'autre, se nourrissent de l'un et de l'autre, repartent dans un sens puis dans un autre et se frayent un passage où ils le peuvent. Flux d'amour, de foi et de lumière. Flux de rancœur, de méfiance et de colère. Tantôt ils s'unissent et s'embrassent, et le flux, tel un geyser, fuse vers le haut, flamboie de beauté et de splendeur. Et peut-être alors, Dieu se fait hommes. Tantôt ils se divisent et s'affrontent, le flux s'enrage, se fait tornade, il ravage tout sur son passage, les corps comme les âmes. Et Dieu, déchiré, se dissout dans la noirceur.

Des flux d'énergie, donc. Le resserrement et le découpage du territoire en accroissent la pression. Plus réduit le contenant, plus puissante la pression, plus grand le désordre. Jérusalem est soumise à une logique entropique.

Pour respirer à Jérusalem, s'apaiser, il faut vouloir percer la cloison et s'échapper vers le ciel. Les pieds collés au sol, pourrait-on en devenir fou ? Tandis que le regard du monde est braqué sur Jérusalem, y ajoutant son propre flux d'énergie, Jérusalem braque le sien sur un Dieu muet. Les hommes parlent à sa place. En résulte une somme monumentale de mots, de pensées, d'intentions, de vibrations qui vont de la terre vers cette terre, puis de cette terre vers le ciel. La Jérusalem terrestre se meut en une Jérusalem céleste.

Si l'énergie de ce lieu m'a bel et bien troublée, il me semble pourtant que je n'ai rencontré ni l'une, ni l'autre. J'ai surtout vu des femmes et des hommes, différents par leurs religions, leurs histoires, leurs niveaux de connaissance, ou d'ignorance, mais qui tous, se débattent dans les remous de leur existence. Des femmes et des hommes en quête de lumière. Est-ce là, la véritable source de nos guerres ?

6
Connexions

23 janvier, de Jérusalem à Netiv Ha'Lamed Heh

Je tourne le dos à Jérusalem. Les chênes et les pistachiers des monts de Judée me retrouvent. Les cailloux gris roulent sous mes semelles. La *terra rossa* gémit sous mes pas. Qu'il est bon de renouer avec la nature après ce que j'ai vécu la veille. Je ne pourrais pas vivre à Jérusalem.

Le soleil déverse ses rayons sur les cimes des collines. Je respire l'aurore à pleins poumons. Dans ce paysage au charme provençal, où parfois un figuier de barbarie fait irruption, je décortique chaque feuille, chaque pierre, chaque strate de calcaire, chaque goutte de rosée qui tremble sur mon passage. Tout devient bénédiction, plaisir, nectar divin. Un sanctuaire où la marche nettoie les pensées les plus coriaces. Un remède à tous les maux, un exutoire au trop-plein de mots.

Un moteur gronde derrière moi. Une voiture avance lentement, cahin-caha. Je grimpe sur le talus. La voiture me dépasse. Je la retrouve garée une centaine de mètres plus loin. Un cube de béton retient une source d'eau. Un buste d'homme en dépasse, ses mains plongent dans l'eau et se glissent dans sa chevelure ondulée. J'arrive à sa hauteur, il se redresse, nu, m'aperçoit, se retourne vers la paroi rocheuse. Je me dérobe au spectacle de ses fesses blanches et musclées et regarde vers la vallée. J'accélère le pas. Le sentier crochète la colline et me porte sur l'autre flanc arboré.

Le silence plane sur les monts de Judée. Ils se cambrent, sensuels, bannissant l'horizontalité. Pas l'ombre d'une présence. Un vrai délice. Le sentier descend dans une forêt. Une brume s'installe. Elle s'épaissit en une bruine, puis une pluie, glacée. La forêt devient noir et gris. Je mets ma veste et m'enfouis sous la capuche. Devant moi, une tache jaune apparaît entre les troncs. Elle s'approche, bosse sur le dos, bâtons en avant, chapeau sur la tête. Un marcheur.

– Tu fais le Shvil, toi aussi ? me demande l'homme.

– Oui, je suis partie de Jérusalem avant l'aube.

– Si tôt ?

– Tu verras ! Impossible de fermer l'œil là-bas. En tout cas, pour moi. Tu viens d'où ?

– Je suis allemand. Je fais le Shvil en deux fois. J'ai fait la première partie au nord en décembre, je suis rentré chez moi pour Noël, et cette fois-ci, je fais la partie sud.

– Tu as donc vu ce système d'anges de chemin ! C'est fou !

Ses pupilles rayonnent, s'animent derrière l'écran de pluie qui nous sépare.

– Je n'en reviens pas. Tant de générosité. Pour moi, allemand, c'est bouleversant. Avant de me lancer sur le Shvil, j'étais déjà venu à Jérusalem. C'était l'an dernier. Et j'ai hésité, mais je suis allé à Yad Vashem, le mémorial de l'Holocauste. En sortant, j'étais tellement en colère. En colère, vraiment. Je me suis mis à pleurer, j'ai donné un grand coup de pied dans un banc en pierre à la sortie du mémorial, et je me suis cassé un orteil. Puis, j'ai découvert le Shvil, et j'ai senti que je devais le faire, que je devais rencontrer les gens ici, découvrir qui ils étaient, découvrir ce pays. Quand je leur raconte ça ici, les juifs me disent que je fais mon *tikoun*, une façon de réparer ce que porte mon âme ! Et me voilà ! J'ai même fait venir ma voiture d'Allemagne par container pour rester plus longtemps. Ce pays est un miracle ! J'ai les larmes aux yeux à chaque fois que j'y pense. Heureusement, aujourd'hui il pleut : on ne verra pas que je pleure.

La pluie nous enjoint de continuer. La joie de l'Allemand se disperse entre les gouttes. Je pense à son *tikoun*. Mes connaissances bouddhistes en poche, je ne peux m'empêcher de me référer au *karma*, une sorte de bagage énergétique que nous nous trimballons, constitué des empreintes de nos actions passées, physiques, verbales ou mentales. Selon la loi du *karma*, nous récoltons ce que nous semons. Par un principe de causes et conséquences, nos actions positives engendreront des effets positifs, nos actions négatives, des effets négatifs. Un proverbe tibétain résume cette notion de *karma* en ces mots : « Si vous voulez savoir ce que vous étiez dans les vies antérieures, regardez ce que vous êtes actuellement ; si vous voulez savoir ce que vous deviendrez dans les vies futures, regardez ce que vous faites maintenant. »

Si je relie ce *tikoun* au *karma*, il serait donc possible de réparer les effets de nos actions négatives, et d'une certaine manière, de purifier notre *karma*. N'est-ce pas ce que fait mon marcheur allemand ? Il répare en lui ce que l'Histoire a fracturé.

Le chemin se rétrécit, monte entre des roches grises, me pousse entre les serres de la forêt qui, parfois, masquent des murets en ruine, fantômes d'une antique présence humaine. La pluie étale ses traînées argentées. Les versants se dressent de chaque côté, me couvrent de silence et d'humilité. Ramené à sa condition de marcheur, bousculé par les caprices du ciel, l'homme n'est plus rien, si ce n'est un corps mû par la volonté d'avancer. Je m'élève, le chemin s'élargit, les arbres se grandissent, puis finissent par disparaître. Un attroupement de collines. Elles sont vêtues de vignes et de broussailles, se pavent de roches calcaires, sont jonchées de ruines et de boules de buissons verts. La pluie s'adoucit. La brume pose son voile gris. Je marche en plein mystère. Les pieds trempés, les mains gelées, je penche la tête vers les flaques qui forment de grands bénitiers, vers le sentier boueux d'où affleurent les pierres dures, me surprend à aimer tout ce qui d'ordinaire m'aurait contrariée. J'ai l'impression qu'un halo de lumière se diffuse autour de moi, se dessine sous mes pas, comme si mon amour pour ces terres pouvait les éclairer.

Audace du territoire, une palmeraie surgit sur le bord du chemin. Je trottine vers les troncs hauts de plusieurs mètres et plante mon regard à la verticale, sur les larges feuilles dont les ombres aiguisées se découpent sur le ciel nuageux. Elles se rejoignent et se touchent, se frôlent. Je pivote sur moi-même et contemple les silhouettes des palmes tourner en même temps que moi. Je ris, joyeuse, de ce manège enchanté. La pluie tombe contre mon visage, sur mes lèvres entrouvertes, au fond de mon palais. Je me colle à un tronc et pose mes paumes contre l'écorce, froide et humide. La nature m'éveille à elle-même. À son contact, je me sens libre, telle une plante sauvage qui se nourrit de ce qui est, grandit telle qu'elle est. Elle me délivre des tuteurs de la société, des cultures, des religions et me livre à la vie, simple, imprévisible. Enroulée tout entière dans son parfum, son aura, je m'abandonne, sans rien abandonner de moi-même. La nature me laisse intacte, vraie, spontanée. Réparée.

24 janvier, Netiv Ha'Lamed Heh
à Beit Gouvrin

Je quitte les abords du kibboutz Netiv Ha'Lamed Heh dans un état de grande fatigue.

Contrecoup des derniers jours. Il faut dire que ma journée de repos à Jérusalem n'en était pas vraiment une, et que si marcher dans la nature m'enchante, m'extasie, les caprices du climat se plaisent à tester les limites de mon corps. Mes chaussures n'ont pas séché pendant la nuit, l'humidité a rongé la peau entre mes orteils. Mes pieds se posent, et ce sont comme des grains de sable qui s'y collent, s'y frottent, et lui arrachent de minuscules lambeaux. Je grince des dents. J'ignorais qu'une si petite surface pouvait provoquer une si grande douleur.

Curieux écho. Je foule de mes pieds écorchés la vallée des Térébinthes – Elah en hébreu – qui aurait vu le petit triompher du grand. Quelque part parmi ces champs labourés et ces amandiers en fleur, David le berger aurait vaincu Goliath le géant, que personne n'osa affronter avant lui. Armé de sa fronde et de sa foi, il propulsa une pierre dans le front du géant, qui mourut sur le coup.

Le chemin me bascule de part et d'autre de la vallée. Sur une colline, un vieux berger me salue d'un signe de la main. Des chèvres aux couleurs de la terre et des pierres se figent et me scrutent. Leurs longues oreilles pendent sur le côté comme celles d'un basset. Leur poil est long. Leurs yeux sont exorbités, leur pupille noire entaille le bleu caraïbe de leur iris. Drôles de bêtes que ces chèvres. Sur une autre colline, des antilopes me font volte-face lorsque, surprises, elles se pointent devant moi. Elles dérapent alors contre les graviers puis s'évanouissent dans les taillis.

Au sommet, les ruines de l'immense forteresse d'Élah, épuisée par les millénaires, s'affaissent et répandent leurs pierres. Cette forteresse daterait du Xe siècle avant notre ère, l'époque de David le berger, devenu roi d'Israël. S'y seraient établis soit des Israélites, soit des Philistins, soit un autre peuple. Sur ces terres, chaque vestige devient l'objet d'un sempiternel débat historico-archéologique pour tenter de démontrer ou réfuter les versets de la Bible. L'enjeu frise l'infantilisme : qui fut là le premier. Les pierres se taisent. Les hommes et leur science parlent à leur place. Je préfère le silence des premières.

Je combats mon épuisement sur le long plateau d'Aveshir, chahuté par les vents. Les herbes affolées se plaquent au sol. En bas, l'horizontalité fait son retour : des rectangles de champs, amèrement plats, s'écrasent sous la poésie du ciel rose et bleu. Je redescends du plateau et fais halte à la nuit tombée dans le kibboutz Beit Gouvrin.

– Où se trouve la *mehina* ? je demande à un chauffeur debout devant son poids lourd.

– Tu ne vas pas trouver de nuit. Suis-moi.

Il m'accompagne jusqu'à l'entrée d'un bâtiment.

– Tu vas voir les jeunes ?

– Heu… oui, je suppose.

En réalité, j'ignore ce qu'est la *mehina.* Dans l'après-midi, j'ai appelé un numéro sur la liste des anges, une voix m'a répondu dans un anglais dont les détails m'ont échappé. Conclusion de la discussion : « Oui, tu peux venir dormir à la *mehina.* »

J'entre dans un long couloir. Des chambres en désordre. Des lits superposés. Des couettes sens dessus dessous. Des fringues et des paires de rangers au sol. Une jeune fille vient à ma rencontre. « C'est toi la Shvilist ? Oh… tu as l'air fatiguée. » Son visage se fait le miroir du mien. « J'ai lutté contre mes orteils », dis-je. Elle éclate de rire. « Viens, tu peux dormir ici, dans mon lit, je dormirai ailleurs ce soir. » Elle me guide dans sa chambre, vire sa couette, me dit de m'installer. Je pose mon sac sous des cœurs, des *Love* et des *Everything is possible* scotchés au mur, à côté de photos d'elle et de ses copines, en uniforme, sur fond de désert ou de collines. « Les douches sont au fond, me dit-elle. Tu veux du gel douche et du shampoing ? Prends les miens si tu as besoin. Repose-toi et après tu peux nous rejoindre dans la salle à manger pour le dîner. »

Un groupe de jeunes s'active autour de la grande table en inox de la cuisine. Un garçon coupe des patates douces, des aubergines, un autre les verse dans l'huile de friture, une jeune fille tranche concombres et tomates qu'elle jette dans un large saladier. « Tu veux du pain en attendant ? » me demande-t-elle. « Tiens, du Nutella aussi, tu dois avoir faim ! » Ils enchaînent leurs gestes tout en se dandinant sur un fond de musique orientale. « Mets la chanson suivante ! Mets la suivante ! » la fille crie. Et elle se déhanche concombre dans une main, couteau dans l'autre. « Hey ! Racontenous d'où tu viens ! » Je déballe mon histoire.

Ils me lancent des coups d'œil curieux en continuant de cuisiner. « Mais la *mehina*, c'est quoi ? » finis-je par demander. Les explications fusent de l'un à l'autre. « On peut décider de faire ça après le lycée. Ça dure un an et c'est privé. On étudie tout un tas de choses. Bien sûr, on nous enseigne la Torah mais on a aussi des cours de philosophie, d'économie, de sociologie, on apprend à organiser des projets, à mener un groupe, dans la nature notamment, on fait de la menuiserie, on crée nos meubles avec des matériaux de récupération. On apprend à vivre ensemble, en communauté, loin des parents. »

Les échanges se poursuivent dans la salle à manger commune. Un tourbillon de jeunesse arrive. Une trentaine de jeunes installent tables et chaises, se précipitent sur une assiette, qu'ils remplissent de frites, de salade, de pâtes, de tahin et de pain, puis s'asseyent à la table. Je choisis une place, au centre, ils se bousculent pour s'installer à côté de moi. « Je veux entendre ton histoire ! Moi aussi ! Moi aussi ! » D'un coup, je me sens singulière, entre le vagabond qui intrigue et l'aîné qui instruit. Le bruit métallique des couverts se mêle au brouhaha des discussions. La salle fourmille et résonne. Ils me bombardent de questions, sur mes origines, mes aventures passées, sur le pourquoi de ma venue, ce que je pense d'Israël, ce qui m'a marqué, ce que j'ai aimé ou pas. Je leur parle du livre que j'ai emporté sur la kabbale. « Tu n'es pas juive et tu t'es penchée sur la Torah ?! Et qu'est-ce que tu as appris de plus important ? » Les fourchettes se suspendent au-dessus des assiettes, les regards se bloquent sur moi. Je réfléchis. Je cite le *Éhyéh acher éhyéh* découvert sur le mont Méron.

– Ce que répond Dieu à Moïse à travers le buisson ardent – je serai ce que je serai – c'est justement ça, le sens de nos vies ! Être et continuer d'être. Se remettre en question, sans cesse, et devenir !

– C'est l'essence même du judaïsme, la remise en question !

– Mais la *mehina*, si je comprends bien, vous faites ça après le lycée, et avant l'armée. C'est donc une préparation à l'armée ?

– Non ! C'est une préparation à la vie !

25 janvier, kibboutz Beit Gouvrin

Le ciel s'est vidé de son soleil, il s'est peuplé de gros nuages noirs. L'orage se déchaîne. Les murs tremblent au rythme des coups de tonnerre tonitruants. Les vitres vibrent. Dehors, les arbres se décoiffent, ils penchent sous les poings de la pluie et du vent. Des branches cognent contre le toit. Les jeunes de la *mehina* sont partis en cours, leur joie sous le bras. Je reste seule sous le couvercle de mes pensées.

Quelle belle chose que la jeunesse ! Les années sont passées, elles ont noirci les pages de ma vie, mais je la sens toujours vibrer en moi, comme les cordes d'une harpe qui ne cesserait de jouer. La jeunesse est jouissance de l'insouciance, des premières fois, des rêves et des désirs que le temps n'a pas encore émoussés. Elle est jouissance de l'instant. C'est ce que je puise dans le voyage. En renversant le connu, le voyage me trempe dans la nouveauté. Il enflamme la mèche de ma curiosité pour que chaque jour, s'éclairent d'autres savoirs, sensations, émotions. Plus je m'enfonce dans le monde, plus je le découvre, le redécouvre, et plus j'ai conscience de mon ignorance. *Heureux les pauvres en esprit, car le royaume des cieux est à eux !* Le voyage prolonge le soleil de la jeunesse. Il la rend éternelle.

26 janvier, de Beit Gouvrin à Lakhich

L'orage s'est tu en fin de matinée. La pluie s'est calmée. J'ai quitté Beit Gouvrin et j'erre maintenant plus loin sous sa terre. Un réseau de grottes a été creusé dans son sol calcaire. Elles auraient servi de carrière pour le mortier, le plâtre et la chaux entre le IIe et le VIIe siècle après Jésus-Christ.

Les grottes ont la forme d'immenses cloches beiges, hautes de plus de 10 mètres, percées d'orifices d'où la lumière se précipite. Les parois lisses et crayeuses sont humides. Des aiguilles de pluie éclatent contre le sol, fragmentent le silence magistral. Mon esprit se réveille au contact de ces gouttes de son. Je m'enfonce dans les passages qui relient les grottes. Une nuée de chauves-souris. Dans un coin d'obscurité, elles échappent à ma vue. Elles agitent l'air de leurs larges ailes, poussent des cris aigus, grinçants. Le vent râle. Ses longs hurlements courent autour de moi. J'arrive sous une cloche, plus grande encore. Je me jette sous la douche de lumière qui tombe de son sommet. Seule au milieu de cette scène, je danse et chante : « Alléluia ! Alléluia ! » Mes mots rebondissent contre les parois, se joignent à la plainte du vent, aux grincements des chauves-souris, filent dans l'ombre des couloirs puis reviennent dans mon dos, m'enveloppent. L'acoustique d'une cathédrale. Je frissonne comme une feuille d'automne. Je ferme les yeux, tends les bras et virevolte sur les harmoniques du sacré.

Le vent me défie. Redoutable ennemi. Le sentier boueux longe les champs, je m'embourbe, glisse, m'affale contre un talus gluant. Je me relève, une tortue me regarde. Elle se dégage des taillis et s'engage sur le chemin, me montre la voie de la patience. Dans les brumes de mon combat, je perds le tracé du Shvil. J'arrive sur les pentes d'un bois. Les arbres sont gonflés de vent, ébouriffés. Les feuilles paniquées font le bruit de l'océan. Au bout d'une allée, une tombe isolée. Soudain, un craquement, suivi d'un crissement, comme si on ouvrait une vieille porte en bois. Mon instinct me pousse vers l'avant. Un arbre énorme s'écroule sur le sentier, juste derrière moi. Ses racines pleines de terre se figent vers le ciel. Son gros tronc barre le passage. Ma respiration se bloque. À quelques secondes près, il m'écrasait. « Merci mon Dieu », dis-je. La pluie se remet à tomber.

Je trouve refuge sous un abri de bus à l'entrée du moshav Lakhich. J'attends des nouvelles du réseau local des anges du chemin. « Je ne suis pas là ce soir, m'a dit celui que j'ai appelé, mais j'envoie un message au groupe et quelqu'un va te contacter. » La solidarité s'est organisée dans ce moshav. Je grelotte, piétine pour me réchauffer. Mon téléphone sonne. Un message. *Tu peux venir chez nous, c'est au bout du moshav, marche tout droit vers l'ouest. Une maison bleue.* Au moment où je sors de mon abri, la pluie cesse, une main invisible écarte les nuages, le soleil prend possession du ciel. Il me guide jusque chez mes hôtes.

Un homme m'ouvre la porte, chemise texane, sourire de cow-boy. « Hey, pas de chance avec le temps ! Rentre vite. Pose tes affaires ici », me dit-il dans un anglais très américain. Le crépuscule badigeonne la salle à manger d'une lumière rouge orangé. Derrière une grande baie vitrée, on aperçoit la plaine. L'homme approche.

– On voit Gaza d'ici.

– Vraiment ?

– Eh oui, ce n'est qu'à 20 kilomètres !

Sa femme s'active dans la cuisine, ouverte sur le salon. Une fleur du Moyen-Orient, teint mat, cheveux enroulés sous un foulard blanc piqueté de strass argentés. Penchée sur un saladier où elle égraine une grenade juteuse, elle me lance : « J'ai encore plein de choses à préparer avant le coucher du soleil. Tu verras, le dîner de shabbat, chez nous, c'est un temps très spécial, qu'on consacre à nous, rien qu'à nous ! Pas de voiture. Pas de téléphone. Pas d'ordinateur. Pas de travail. Juste nous, avec nous ! Un temps pour penser, pour se retrouver, un temps pour la liberté ! Exactement comme toi lorsque tu marches sur le Shvil ! »

Je me douche, sors de la salle de bains, éteins la lumière derrière moi.

– Non ! Laisse allumé ! me dit la femme.

– Ah bon ? Mais pourquoi ?

Elle paraît embarrassée.

– Nous sommes religieux, et c'est une de nos règles, pour Shabbat.

Le salon se remplit du parfum des légumes grillés. Au mur, un calendrier. Sur les cases des vendredis, un horaire, différent à chaque fois.

– C'est l'heure où on allume les bougies pour Shabbat, me dit la femme. Le jour hébraïque commence la nuit. C'est pourquoi Shabbat débute le vendredi soir, avec le coucher du soleil, et se termine le samedi soir, après trois étoiles.

Elle verse un filet d'huile d'olive sur des lasagnes aux aubergines, enfourne le plat, se lave les mains puis replace son foulard sur ses cheveux.

– Tu sais que notre calendrier fonctionne avec la lune ? Nos mois commencent toujours avec la nouvelle lune. Quant à nos années, elles sont basées sur le soleil. On cherche à concilier le cycle de la lune et celui du soleil. Ça fait partie de notre recherche d'harmonie !

La nuit est vite tombée. Les enfants du couple, d'une vingtaine d'années, nous ont rejoints. C'est l'heure du *kiddouch*, le rituel qui précède le dîner de shabbat. Nous restons debout autour de la table. L'homme récite une prière, sanctifie un verre de vin dont nous buvons tour à tour une gorgée puis nous mangeons chacun un morceau de pain. Sa femme bénit ensuite ses enfants en leur posant ses deux mains sur la tête. Enfin, nous nous asseyons.

Les flammes des bougies dansent à côté de la fenêtre. Leurs reflets dorés lèchent la vitre. Au-dessus, la lune, presque pleine. Posée sur la cime des arbres, elle me sourit. Que le mois hébraïque coïncide avec son cycle m'éblouit. J'ai toujours cru au pouvoir de la lune, son influence sur la nature, notre nature. Un sage du peuple aléoute que j'ai rencontré en Alaska me racontait que les Amérindiens s'appuyaient également sur le calendrier lunaire, afin de respecter le féminin sacré. « Car le cycle de la lune est lié à celui de la femme, à l'eau et donc, la vie », me disait-il.

La lumière blonde de la lune traverse le vitrail de mes yeux. Elle me relie à son énergie. Je reste longtemps à la contempler. Quand je me retourne vers mes hôtes, des anges flottent autour de la table.

– Je pense que beaucoup de personnes vivent sans prêter attention à la lune, dis-je. D'autant plus que notre calendrier, le grégorien, n'est basé que sur le soleil. Peut-être est-ce pour cela qu'elles sont déconnectées de la nature, leur propre nature.

Le couple se regarde, l'air joyeux.

– C'est ta révélation de shabbat ! C'est pour cette raison qu'à Shabbat, nous ne devons rien créer. C'est pour que nous repartions plus grands, plus riches intérieurement. Il est une bénédiction de Dieu !

Je me couche sous une douce couverture de réflexions. J'aime Shabbat, et regrette soudain que cette tradition n'ait pas été conservée par le christianisme : décision d'un concile du IVe siècle, le jour du Seigneur sera celui du soleil, le dimanche. Deux semaines plus tôt, je considérais Shabbat comme un simple jour de repos, où l'on oubliait tout, comme on me l'avait dit sur la plage. Ce soir, je comprends qu'il est plus que ça. Il est autant un jour de célébration qu'un jour de ressourcement, où le lâcher-prise, l'oubli, deviennent un moyen de lézarder notre esprit, de le vider dans le but de mieux attaquer l'avenir, de mieux créer. Il est un interstice, un temps d'observation, de réception, où l'on infuse dans la non-création pour que se glisse la création.

Shabbat est méditation. Dieu en serait le guide.

27 janvier, de Lakhich à Nahal Shikma

Je longe les vignes de Lakhich. Des grappes de raisin rouge ont subsisté à l'hiver. Je détache quelques grains, les goûte, une fraîcheur sucrée explose dans ma bouche. Des viticulteurs sont dissimulés quelque part sous le filet blanc qui protège les vignes. Leurs voix et leurs rires s'échappent entre les ombres des sarments. Il fait bon travailler la terre.

Passé les vignes, c'est le plat pays. Des tartines de vert, de marron, et de jaune pâle sont figées sous le ciel bleu. Elles m'évoquent les champs de mon enfance, en Picardie. Je marche tout droit dans l'ennui. Mon plaisir me vient de l'observation d'un gros scarabée noir de jais, à la carapace bosselée, qui s'aventure sur le chemin. Il avance lentement, antennes vers l'avant, chute dans les empreintes que creusent mes pas, escalade les parois de terre, repart en vitesse comme extasié de cette distraction soudaine. Ce scarabée est un ténébrion du désert, une espèce étonnante, capable de pallier le manque d'eau en captant les gouttelettes du brouillard grâce aux minuscules bosses de sa carapace. Un scarabée buveur de brouillard, messager du désert. Le ténébrion suscite mon admiration.

Mais il n'est point encore question du désert. Plus loin, la terre plate se convulse. Ses reliefs sont pris d'assaut par des buggys déchaînés. Shabbat a son revers. Jour de méditation pour les uns, jour de divertissement pour les autres. La sainteté est toujours proche de la folie. Ici, la nature devient terrain de jeu, défouloir. Dans les pentes, les moteurs grondent nerveusement, les pneus arrachent des copeaux brunâtres au chemin. Des nuages de poussière les poursuivent. Sous les casques, des yeux injectés de sang se crispent sur le sentier, inspectent ses courbes et ses variations. Les buggys foncent là où il se raidit. Je m'écarte à travers champs, m'éloigne de cette frénésie du moteur. Ils rugissent dans mon dos.

Le calme se rapproche quand bientôt, des boum boum sourds font trembler le sol. Des files de voitures s'engagent en direction d'un bois. Les arbres bondissent. Boum boum boum boum. Mon cœur en perd ses battements. Je passe à côté du bois. Derrière les troncs, des corps d'hommes et de femmes moitié skaï moitié nus se désarticulent sur de la musique électro. Les corps s'abandonnent à eux-mêmes, envoûtés par je ne sais quelle substance chimique, pénétrés par les rafales de sons et de rythmes. Un DJ en transe est penché sur ses platines, cerné par des enceintes monstrueuses. Je ralentis le pas, perdue entre fascination et consternation.

Je m'échappe de la folie sainte sous la grâce du crépuscule. Une rivière asséchée, un bois déserté, le soleil qui embrasse le grand horizon. Un semblant de silence. La route n'est pas très loin. Après le tapage de cet après-midi, sa rumeur me devient douce, presque imperceptible. J'installe ma tente. Un vent froid soulève la toile. Je m'assieds contre un arbre à la frange du bois et me recouvre de la lumière safran qui rase les champs. Là-haut, dans le ciel mauve, une première étoile s'allume. Elle frémit, intimidée, comme si elle hésitait à me rejoindre, à me livrer toute sa beauté. Plus le ciel s'assombrit, plus elle s'affirme. Et lorsqu'elle s'est totalement affirmée, elle s'est entourée d'amies. L'étoffe de la nuit s'est percée de mille et un trous de lumière. La lune se lève, pleine de présages. Shabbat est derrière moi. La création est devant moi.

28 janvier, de Nahal Shikma à Sansana

J'ai quitté le plat pays. L'air est plus sec, le ciel est vide. La terre commence à s'arquer, aride. Les collines se déshabillent. Elles sont saupoudrées de pierres blanches. Avec la légèreté de l'errance, je marche lentement, inspecte les détails de cette terre dépeuplée, la structure des roches, le squelette d'un arbre isolé, les nuances des herbes brûlées. Je déguste les saveurs du temps, mou, fondant au soleil à la manière des montres de Dalí.

Sur la croupe d'une colline, un filet de prières musulmanes se glisse dans la brise, oriente mon attention plus loin, plus bas. Mon regard dépasse un palmier solitaire, s'élance sur le chemin, et bute contre un long ruban gris, rigide, continu, illimité. Il fend la vallée en deux. Une balafre dans la nature. Le mur. Les prières s'élèvent du village palestinien qui s'esquisse sur les pentes d'une colline, juste derrière. Clouée à mon sommet, je ne parviens pas à bouger ni à décrocher mon regard du serpent de béton. Il me mord, me blesse. Comment en arrive-t-on là ? J'arrache un pied de la terre, un second, je redescends, les prières cessent, le mur échappe à ma vue. Il a toutefois injecté en moi le souvenir d'autres murs.

La Grande Muraille de Chine. Le mur d'Hadrien, en Angleterre. Le mur de Berlin. Les murs de

Belfast. Le mur de sable, le « Berm », au Maroc, au milieu du désert. L'Histoire est taillée à la hache par l'édification de murs et de frontières. Ils s'érigent là où le dialogue s'efface. Séparer. Protéger. Contrôler. Interdire. Je marche le long d'un triste leitmotiv.

En fin de journée, j'entre dans un kibboutz où des quartiers de vieux préfabriqués blancs côtoient des maisons modernes aux grandes baies vitrées. Une ancienne caserne militaire se trouvait là. Après le départ de l'armée, des familles ont investi les préfabriqués laissés sur place tandis que d'autres ont construit des maisons neuves.

Je dois récupérer la clé d'une cabane dédiée aux Shvilistim. Je pousse une barrière rouillée, frappe à une porte, une adolescente m'ouvre. « Ah, ma mère n'est pas encore là, mais elle va bientôt arriver. C'est elle qui s'occupe des clés. Tu veux boire une citronnade en attendant ? » me dit-elle. Nous nous asseyons dans le salon, face à face. Elle pose un regard timide sur moi. Je bois ma citronnade en silence. Après un long moment, elle ouvre la bouche :

– Alors… tu l'as vu ?

Je ne comprends pas sa question. Elle plonge ses yeux dans sa citronnade. La paille entre les doigts, elle remue les glaçons qui flottent dans son verre.

– Le mur. Tu l'as vu ?

Sans attendre ma réponse, elle me confie sa crainte d'être jugée, d'être qualifiée de terroriste par les étrangers. Elle se raccroche aux propos de son père, qui accuse les politiques et les journalistes d'entretenir volontairement le conflit, et de s'en servir pour leurs propres intérêts. Enfin, elle bafouille son incompréhension de la situation. Lorsqu'elle lève à nouveau la tête vers moi, son regard est recru de doutes. Je reçois sa gêne comme un coup d'épée.

– Je ne suis pas là pour juger, dis-je. Je pense que beaucoup de choses nous dépassent, surtout sur le plan politique. Tout ce que je peux te dire, c'est que si nous, en tant qu'individus, nous ajoutons nos propres barrières, nos murs intérieurs, eh bien, le monde est foutu. Voilà pourquoi je voyage. Nous devons nous ouvrir les uns aux autres.

La cabane des Shvilistim est pleine de charme, tout en bois, perchée à flanc de colline. Sa grande terrasse donne sur le soleil qui s'enfonce entre les lèvres de la vallée. Les arbres appuient leur feuillage sombre contre les nuages rosés. À une centaine de mètres sur ma gauche, le mur de béton chante son austère complainte. Une dissonance dans la symphonie de la terre. Je m'assieds sur la pile de matelas, dans un coin de la terrasse, regroupe mes jambes contre moi. Je souffle, fatiguée, écartelée par mes émotions. J'ai mal au cœur. C'est un mal de douleur, un mal de peur, de joie, de tristesse. Un mal d'amour. Cet amour me déchire. Je ne m'attendais pas à ça. Je suis tombée amoureuse d'une terre écorchée par la politique de la division. Pourtant, depuis que je parcours ce chemin, j'ai vu des villages musulmans se tenir aux côtés des kibboutzim ou des moshavim juifs, des églises s'élever aux côtés des mosquées, des femmes voilées rire sur la plage aux côtés de femmes contorsionnées dans des positions de yoga. Et par-dessus tout, j'ai été éblouie par une énergie que je ne sais expliquer.

« Nous devons nous ouvrir les uns aux autres », ai-je lancé spontanément à la jeune fille, comme une réponse à la fange du monde. Dans quelle mesure est-ce réellement possible ? Le voyage n'est ouverture à l'autre qu'à la condition d'être ouverture à soi. Or, s'ouvrir à soi est un chemin aussi tortueux que le Shvil. En poursuivant cette voie depuis sept années, j'ai vécu le luxe de la liberté, quand bien même il m'a fallu bâtir ce luxe, munie du marteau de la persévérance. J'ai arraché mon armure et mes œillères, sacrifié le confort d'une vie guidée par la certitude, pour me jeter, nue, dans les bras de l'inconnu. Progressivement, j'ai pris conscience des barrières qui m'entravaient, que seule ma volonté permettait de briser. D'où m'est venue cette conscience si ce n'est de ma décision de m'extraire du système et des cadres où j'ai grandi, évolué, travaillé ? Ma conscience se tisse et s'épaissit à mesure que je me questionne, que je questionne les autres et le monde, que je questionne ma propre conscience. Plus je voyage, plus je me découvre, plus ma vision, ma conscience, se dilatent.

La nuit froide dévore le mur et la vallée en même temps que mes pensées. Les chacals hurlent, je rentre dans la cabane. Je me niche dans le moelleux de mon sac de couchage. La soirée avec Nathalie et Haim me revient. Avant de fermer les yeux, je lance, comme Haim, un *Fuck les politiques*. C'est inutile de le dire, mais parfois, ça fait du bien.

29 janvier, de Sansana à Amasa

Je marche au bord de la route, vide. Sur ma droite, les champs verts se courbent vers l'horizon. Sur ma gauche, le mur est à un jet de pierres, haut de plusieurs mètres, surmonté de barbelés. Il s'élève en force dans le ciel bleu. La lumière est claire, étrangement calme, en suspension dans les airs. Un sentiment angoissé d'attente souffle entre les herbes.

Le chemin me guide dans la forêt de Meitar. C'en est fini du mur, l'appétit me revient. Des pins et des pierres. Personne. L'endroit idéal pour une pause. Je m'assieds sur mon sac, contre un tronc, fends une pita, l'enduis de tahin, y écrase un œuf dur et un avocat que j'arrose de citron. Alors qu'une brise tiède accompagne mon repas, une présence se pose sur le haut de mon dos et m'invite à me retourner. Je pivote la tête. Un chacal, campé au milieu du chemin, m'observe. La bouche pleine, je m'arrête de mâcher. Je prends un gros caillou, commence à lever le bras. Au même moment, il s'enfuit.

Je repars sur le dos des collines arides, à la terre blanchie, aux herbes rases, grillées par le soleil. La chaleur est âpre. Un avant-goût du désert. J'ignore encore le parfum de son haleine, mais je le sens qui s'avance vers moi, à grands pas. J'ai hâte. La vaste forêt de Yatir se dresse comme un rempart entre lui et moi. Ses quatre millions d'arbres stoppent la désertification plus au nord. Le silence y est dense. Les ombres de ses cyprès, ses pins, ses eucalyptus, ses oliviers ou ses figuiers marbrent la terre moelleuse. S'il m'est bon de respirer cet air chlorophyllé, je cherche entre les troncs celui du grand désert. Le soleil décline, je m'efforce de ne pas ralentir, j'ignore les plaintes de mes muscles échauffés, me fais chacal et avance, gueule baissée. Je renifle l'haleine du désert.

Les arbres s'éparpillent, disparaissent. Une route en gravier. Derrière, le retour des herbes rases et des pierres. L'air se rafraîchit, s'assèche, le soleil disparaît derrière une courbe, mon nez est toujours collé à la terre. Sur ma gauche, la colline s'affale, plus raide. Le vent me bouscule. En bas, le désert, beau, fou, théâtral. Un long ruban cuivré enflamme la lisière du ciel. De gros nuages gris, anthracites dans leurs replis, flottent au-dessus du plancher beige et ocre. Je m'appuie contre mes bâtons, ouvre la bouche, avale le vent plein de poussière. La puissance des cieux s'allie à celle de la terre. Le désert du Néguev m'offre sa promesse. L'immensité est à mes pieds. Je me tiens sur les berges d'un monde nouveau.

7
Dilution

30 janvier, d'Amasa à Arad

La descente est étrange. Je quitte l'univers des arbres et des collines. Je plonge dans l'univers des pierres et de la terre caramel, chauve, décharnée. Le vent passe et repasse comme une respiration. Il emporte avec lui tous les sons.

Ce désert, je l'ai attendu, patiemment, sans vraiment avoir eu le temps d'y penser. Maintenant qu'il soutient mes pas, j'ai l'impression d'être arrivée là où je devais arriver, que ce premier mois de marche était comme un prélude, où cette terre m'a secouée, bousculée, pour me nourrir et déposer en moi ses arômes les plus bruts. Une initiation où je me suis arrachée au monde profane, où Dieu a retrouvé sa place en moi, où la constance de l'effort physique s'est couplée à celle de mon mental pour sans cesse me contraindre au détachement, et élargir la brèche qui me permettrait de recevoir ce qui est, quelles que soient les dimensions, spatiales, temporelles ou spirituelles. J'en deviens plus libre.

J'arrive dans la plaine. La terre est sèche, craquelée. De part et d'autre, de larges étendues couvertes de chaume, coupé au ras du sol. On cultiverait le blé dans le nord du désert. Des baraques en tôles se détachent de l'horizon. Des monceaux d'immondices gisent aux abords. Un concert d'aboiements. Un quintet de chiens sauvages accourt vers moi, babines retroussées, crocs en avant. Je suis cernée. Je brandis un de mes bâtons, le secoue dans les airs. Ils se figent, n'osent pas approcher, aboient plus fort encore. Je me fraye un passage entre eux, garde les yeux braqués sur leurs gueules dégoulinantes de bave, leurs crocs jaunis par la crasse, me tourne en même temps que j'avance, marche à reculons lorsque je les ai dépassés. Ils me suivent à distance, bien décidés à me virer de leur territoire. Ce n'est que lorsque je me suis suffisamment éloignée des baraques en tôles qu'ils lâchent l'affaire, retournent à leurs tas d'ordures. Je pense retrouver la solitude du chemin quand des cris se hissent au-dessus des baraques. Quatre silhouettes pas plus hautes que le talus qui nous sépare foncent dans ma direction. « Hello ! Hello ! » Trois petits garçons et une petite fille à la peau sombre m'inondent de mots que je ne comprends pas. Je devine à la rugosité de la langue que c'est de l'arabe. De jeunes bédouins. Ils me tendent la main, m'implorent de leurs prunelles noires comme de l'ébène, étincelantes, veulent que je leur donne quelque chose. De l'argent ? Des bonbons ? Je pense à un voyage au Népal que j'ai fait quinze plus tôt où, dans des villages perdus au creux des montagnes, les enfants affluaient de la même manière : « *One dollar ? One dollar ? Chocolate ? Chocolate ?* » Le désert a remplacé les montagnes, mais la même situation se déroule devant moi. Je cherche dans les poches de mon sac ce qu'il me reste, trouve une plaquette de chocolat. À peine l'ai-je en main qu'ils se ruent dessus, se disputent les morceaux, puis repartent en courant vers les baraques. « *Bye bye ! Bye bye !* » me disent-ils, en remuant les bras. Je m'éloigne vers le plat désert. L'horizon se referme sur eux.

Les sinistres immeubles d'Arad pointent vers le ciel pavé de nuages. Arad, ville de plus de vingt mille habitants, peuplée par des juifs, des bédouins, et une petite communauté religieuse d'origine afro-américaine, qui se considèrent comme des descendants des Israélites. Elle fut aussi le lieu de retraite du romancier Amos Oz, dont le fils était asthmatique, qui la choisit pour la pureté de son air. C'est la dernière grande ville avant ma traversée du désert. J'arrive suffisamment tôt pour acheter les provisions qui me seront nécessaires.

Ma longue marche dans le Néguev devrait durer trois semaines. La première étape nécessite d'emporter avec soi quatre jours de nourriture. Si je prévoyais de me débrouiller seule avec l'eau, Jérusalem m'en a dissuadé. J'y ai rencontré un ancien Shvilist israélien qui a bondi quand je lui ai confié mon projet : « Tu es seule ! Tu ne pourras jamais tout porter sur toi. C'est de la folie, surtout cette année avec le manque de pluie. Ça te fera presque trente kilos sur le dos pour la première étape ! Et ajoute à ça la fatigue du mois de marche qui t'aura amenée jusque-là. » Quand Jérusalem parle, mieux vaut l'écouter. J'ai mis mon ego de côté, je me suis laissé convaincre. Il m'a donné les coordonnées d'une personne qui se propose d'enterrer l'eau en différents points, plus ou moins éloignés selon les besoins de chacun. Carte en main, j'ai donc préparé l'itinéraire sur lequel je ne m'étais pas encore penchée, et j'ai déterminé quatre lieux où un supplément en eau me sera utile.

J'erre dans les rayons d'un supermarché, surprise d'y croiser les profils anguleux de nombreux Éthiopiens derrière leurs caddies. Résumons. Quatre jours de nourriture. J'embarque dans mon panier six pitas, six œufs, quatre boîtes de thon, un paquet de lentilles corail, un pot de tahin, du thé à la menthe, un flacon de miel, un sachet de dattes, et je craque à la dernière minute pour deux tubes de Mentos goût « tropical ». Je me passe le film des repas dans mon esprit avant de payer à la caisse. Thé à la menthe, pain et miel pour le matin ; sandwich thon-œuf-tahin pour le midi ; des lentilles pour le soir. Les dattes pour les calories. Les Mentos pour le plaisir. De quoi satisfaire mon corps et mon mental. Le désert se chargera de mon âme.

Le soir, un vieux couple m'accueille chez lui. « Je vis avec un âne ! » s'exclame la femme. Son mari est planqué derrière l'ordinateur, muet. Curieuse présentation. La femme est comme une pile. Elle gesticule d'un bout à l'autre de la cuisine tandis que je fais tranquillement cuire mes œufs durs. Les phrases sortent de sa bouche comme des éclairs. Elles mitraillent la soirée. À chaque fois, je sursaute. « Toujours une cuillère dans la tasse quand tu verses de l'eau chaude ! Sinon, ça abîme la faïence ! C'est ça la vie dans le désert ! » Je m'assieds sur le canapé, sirote mon infusion, elle part puis revient, revient puis part, et revient un gâteau entre les mains. « Mange ! Il faut manger quand on peut dans le désert ! » Elle part puis revient. Je ne prête plus attention à ces allées et venues, mange tout en lisant des passages de mon livre. Elle m'observe, et miracle, s'assied. Un voile se pose sur ses yeux. D'un coup, ses traits vieillissent, comme si dans l'inactivité ses rides retombaient. Elle me raconte alors qu'elle et son mari vivaient dans la péninsule du Sinaï, à l'époque où ce territoire était occupé par Israël. Au début des années 1980, lorsque l'Égypte a récupéré la totalité de la péninsule, ils ont dû partir et se sont installés à Arad.

– On a tout laissé là-bas ! Tout ! Nos maisons, nos usines ! Et avec leur sens de l'honneur, ils ont tout détruit derrière nous ! Tu sais ce que ça nous a appris ?

Je me tais, attendant la suite.

– Nous réinventer ! Voilà ce que sont nos vies. Recommencer de zéro, créer son propre travail, parce que ici, il n'y avait rien. Rien ! Et construire, toujours construire, avancer, toujours avancer. C'est ça, notre fierté !

31 janvier, mer Morte

Je grimpe dans le premier bus de la matinée.

– Vous allez où ?

– Je ne sais pas encore.

Le chauffeur fronce du regard.

– Je vais jusqu'à la mer Morte, me dit-il.

– Oui, je sais. Mais j'aimerais que vous me déposiez dans un endroit magique !

Il rit.

– Cette magie vous appartient ! Elle est en vous ! Regardez et vous me direz quand vous le sentirez !

La mer Morte est en marge de l'itinéraire du Shvil. Depuis la carte, elle m'a murmuré : « Viens. » Je lui ai cédé. Une échappée avant ma traversée.

À travers les fenêtres du bus, le désert me jette son idée de la beauté : un grand vide au goût de plein, des reliefs aux profils délicats et acérés, pigmentés de mille et une nuances. Ocre, fauve, chamois, cuivre, sable, caramel, rouille, tabac. Les couleurs varient en fonction de la lumière, de l'angle des courbes, de l'inclinaison des parois. Au fond, un grand bleu apparaît. La mer Morte, insolite dans ce paysage de pierres. Le bus descend, la pression de l'atmosphère s'accroît, mes oreilles se bouchent. Nous roulons vers le point émergé le plus bas du monde, à environ 420 mètres en dessous du niveau de la mer. Je m'enfonce dans mon siège, savourant cette plongée à ciel ouvert.

Le bus fait le tour des hôtels, regroupés au sud de la mer Morte, principal repère des touristes en quête de plages privées et de bains de boue. Des gens débarquent, d'autres embarquent, puis le bus remonte la route qui longe la rive occidentale. De l'autre côté de la mer, les montagnes de Jordanie, parfait reflet de celles qui s'élèvent sur notre gauche.

Des touristes descendent au pied de Massada, une ancienne forteresse assise sur un socle de granit, au sommet d'une montagne isolée, escarpée. Construite par Hérode le Grand, elle est à la source d'une histoire mythique pour les juifs. Pendant la Grande Révolte, des Zélotes – des rebelles juifs – s'y réfugièrent avec femmes et enfants. Ils auraient résisté aux Romains qui assiégèrent la forteresse pendant plus d'un mois. Lorsque les Romains finirent par y pénétrer, ils seraient tombés sur une ville détruite, incendiée, et un parterre de près de mille morts. Refusant l'idée d'être vaincus et de tomber en esclavage, les rebelles auraient préféré se tuer les uns les autres. Ils ont saisi l'au-delà pour échapper à l'oppression. Ils ont choisi la liberté.

La pensée de ce suicide collectif me prend à la gorge. Massada me renvoie à une évidence : j'ai entre les mains, depuis toujours, le privilège d'être libre sans avoir à verser mon sang. Liberté. Ce mot m'est si cher. La liberté est un état d'esprit. Bien que libre extérieurement, je pourrais très bien m'emprisonner derrière les barreaux des désirs, des possessions, des croyances ou des illusions, et me spolier de ma propre liberté. Mon assiégeant n'est autre que moi-même. Et il n'est *que* moi-même. S'il m'arrive parfois de douter, de me lamenter face à des déceptions, des difficultés, ma vie est belle.

Le bus repart. Je scrute la limite où l'eau s'unit à la berge, déserte. Plus nous avançons, plus les montagnes et la mer se collent l'une contre l'autre. La route se rétrécit entre ce couple d'ocre et de bleu. Dans son rétroviseur, le chauffeur m'interroge du regard, curieux de savoir où ma magie va m'orienter. Soudain, je sais. Je me lève, le chauffeur comprend, il s'arrête. « Bon voyage ! » me lance-t-il. Je grimpe sur un monticule de graviers. En bas, la mer Morte. Je dévale la pente, les cailloux roulent avec moi, je balance mon sac trop lourd dans un coin, emporte ma serviette, je vais vers le grand bleu.

Le soleil est fort. Il chauffe l'intérieur de mon crâne, mon visage, mes épaules. L'air, épais, sent le soufre. Un panneau m'alerte : « Attention. Trous d'effondrement. » Je le dépasse, un pic d'appréhension au creux du ventre. Ces trous d'effondrement, les dolines, sont la conséquence de l'assèchement de la mer Morte. Insuffisamment alimentée par les eaux d'un Jourdain surexploité par Israël et la Jordanie, la mer recule d'année en année. L'eau douce de la pluie se pose sur les étendues dégagées, s'infiltre dans les anfractuosités, dissout les cristaux de sel du sous-sol, et la terre, affaiblie, s'affaisse brutalement. Le point le plus bas du monde chute de plus en plus bas.

Je jauge la terre molle, tâtonne de mes semelles, détecte les passages un peu fermes. Des petits creux sombres apparaissent de temps à autre, comme si la terre avait été aspirée. « Hey ! Hey ! » crie-t-on dans mon dos. Perché sur le monticule de gravier, un homme agite les bras. « C'est interdit ! C'est dangereux ! – Je sais ! » je lui réponds. Ses bras se lèvent au ciel puis retombent le long de ses jambes. « Comme tu veux ! Je ne suis plus là ! » Il m'abandonne à mon interdit. Je descends en escalier d'une bande de terre à l'autre, à chaque fois plus molle. Aucune trace de plantes, d'animaux ou d'insectes. Le sel empêche la vie par ici.

Plus loin, une rupture nette du sol. Une doline. Je m'approche prudemment du bord. Le trou est large et profond d'une dizaine de mètres. Ses parois dévoilent un nombre incroyable de couches de sédiments, fines, brunes et blanches. Le millefeuille de la mer Morte.

Je poursuis ma descente. Une bande de plaques de sel, craquantes comme de la meringue. Je descends. Une bande hérissée de petites pointes de sel, tendues vers le ciel, où s'exhibe une grosse rose des sables. Je descends. Une bande de moutons de sel, durs, qui brillent comme de la glace au soleil. De légères vagues irisées en lèchent l'arrondi. L'écume blanche s'y dépose comme de la neige.

Personne à l'horizon. Je me déshabille, accroche mes vêtements et ma serviette sur une grosse branche sèche aux racines de sel et je m'enfonce dans l'eau mi-saphir mi-turquoise. Elle est huileuse, dense, presque chaude. À mesure que l'eau s'enroule autour de mon corps, mes égratignures se réveillent. Des centaines de petites aiguilles s'enfoncent dans ma peau, le long de mes mollets, mes tibias, sur les os de mes hanches, autour de mes clavicules. Le sel me répare. La douleur me devient presque agréable. Je m'étends sur le dos, en étoile, flotte sans aucun effort. La gravité n'a plus d'emprise ni sur mon corps, ni sur mes pensées. Le ciel très haut déverse l'intensité de son bleu droit dans mes pupilles. Je dérive lentement, reste longtemps là, hors du temps, hors de tout. Je suis suspendue entre l'eau et le ciel. Dans la peau de la mer Morte, je me cicatrise, me purifie. Je me régénère.

Un vieux fourgon blanc défoncé est garé sur le monticule, portes du fond ouvertes sur la mer Morte. Un jeune gars avec des rastas qui tombent au creux de ses reins tapote une espèce de grosse soucoupe volante métallique. Des sons délicats et apaisants vibrent dans les airs, à la manière de ceux des gongs. Il me sourit.

– Hey Sister ! Tu es allée jusqu'à la mer ? Tu n'as pas eu peur des trous ?

– J'ai surtout été attirée par la magie de cet endroit !

Ses grands yeux deviennent encore plus grands.

– C'est vrai qu'il est magique. Je viens souvent ici, quand j'ai besoin de faire le point dans ma vie. Mais toi, comment tu l'as trouvé ?

– Mon intuition !

– Yeah Sister ! Cool ! Tu veux une infusion au gingembre ? Je viens de la préparer.

– Yeah ! J'adore le gingembre ! Mais avant, j'ai vu que t'avais un bidon d'eau sur le toit de ton fourgon. Tu aurais de l'eau douce en réserve ? Ma peau colle de partout à cause du sel.

Sous un mince filet d'eau, je me rince, essore mes vêtements, les étends au soleil. Nous faisons davantage connaissance. Il s'appelle Dvor, vit seul dans un coin de forêt dans le nord du pays, retiré du monde sauf lorsqu'il doit travailler, pas trop souvent, pas trop longtemps, histoire de gagner sa liberté. Assis sur le matelas à l'arrière de son fourgon, nous buvons notre infusion, face au tableau serein de la mer et des montagnes jordaniennes.

– C'est quoi l'instrument dont tu jouais tout à l'heure ?

– Un *tongue drum*. Un copain m'a offert ça. C'est hyperrelaxant. Ça me fait du bien. Comme cette vue.

Son visage mat dégage une douceur atypique. Une extrême sensibilité agite ses prunelles brunes, comme si une souffrance y était piégée.

– Cette terre est intense, dis-je. C'est les montagnes russes ici ! Moi qui recherche la puissance des émotions, je suis servie. Toutes ces histoires... les combats du passé, ceux du présent... et en même temps, quand tu dépasses ça, la puissance de l'énergie. Ça me travaille depuis plusieurs semaines, je la ressens mais voilà, je ne sais pas d'où ça vient. Des lieux ? Des hommes ? Des deux ? Est-ce que c'est ça qu'on appelle le sacré ? Est-ce parce qu'il y a tant de lumière qu'il y a tant d'ombre ici ?

– Ouah... tu vas loin dans ta découverte. Tout le monde n'est pas comme toi. Moi, je vis ici, je ne sais pas, je n'ai pas ton regard neuf, je pense que je me suis habitué. Mais en tout cas, je pense qu'il y a plein d'endroits dans le monde qui sont sacrés. Peut-être qu'ici, ça l'est pour toi.

Il se roule une clope, accroche ses grands yeux aux nuages gris qui commencent à pommeler le ciel.

– Tu sais, j'ai grandi plein de haine, dans une colonie de Cisjordanie, pas loin de Nablus. J'ai vu des juifs tuer des Arabes, des Arabes tuer des juifs. Quand mes parents partaient travailler, j'étais seul chez moi avec mes deux petits frères et j'étais effrayé. Je me planquais sous la table de la cuisine avec un couteau, au cas où... pour nous protéger.

Il me sort son récit avec une spontanéité telle qu'elle me coupe la parole. J'imagine les scènes de son enfance, tente de me mettre à sa place, de savoir comment moi j'aurais réagi. N'ayant jamais rien vécu de similaire, l'écran de mes pensées se brouille.

– Donc tu vois, ce pays, il est dur pour moi. Après les trois années d'armée, j'ai voyagé plus d'un an en Amérique du Sud. J'étais plein de blocages. J'ai pris toutes les drogues que tu peux imaginer. Je me suis détruit la santé. Et finalement, c'est grâce à l'ayahuasca que j'ai pu m'ouvrir à moi-même, voir qu'il y avait autre chose en moi et autour de moi. L'ayahuasca m'a débloqué.

– Pourquoi t'es rentré alors ?

– Cette expérience m'a cassé aussi ! Physiquement... pfff... j'étais dans un sale état... je ne tenais plus debout. Où tu voulais que j'aille ? C'est mon pays ici. Et c'est contradictoire avec ce que je viens de dire, mais j'ai l'impression qu'ici, je reprends des forces. Comme dans cet endroit.

Il fait des ronds avec la fumée de sa clope. Ils s'élèvent, se déforment, puis fuient derrière les portes du fourgon.

– Mais tes parents, pourquoi ils ont décidé de vivre là-bas ?

Ses grands yeux partent vers la mer.

– Ils sont patriotes. Ma mère est extrémiste, c'est comme ça, je n'ai pas choisi ma naissance.

– Oh… c'est dur comme situation. Et toi, comment tu te sens ?

– Pfff… Des fois, je me dis que la vie est foutue. Je suis né ici, je suis juif, je suis Israélien. Mais avant tout, je suis un être humain. Tout ce que je veux, c'est être heureux.

Je prends le tongue-drum-soucoupe sur mes cuisses. Je tapote de mes doigts la surface métallique. Après quelques minutes, les vibrations s'envolent avec harmonie. Il me regarde, surpris.

– Hey ! Tu te débrouilles bien !

– La musique, c'est mieux que les mots, non ?

Il sourit.

– Ouais. Je trouve aussi. On perd trop d'énergie à parler.

Avec la légèreté d'une brise, les sons se perdent dans le bleu-gris du crépuscule. Plus bas, l'échine de la mer Morte semble pétrifiée comme du plomb.

1er février, d'Arad à Meizad Tamar

Des plumes roses dans le ciel. Le lointain bercement des vagues. L'aube se lève sur la mer Morte. Elle colore les nuages qui s'effilent sur le bleu pâle du ciel.

J'enroule mon duvet, entasse comme je peux mes provisions sur le dessus de mon sac, m'approche du fourgon. Dvor fait chauffer de l'eau sur ses petites plaques de gaz.

– Déjà réveillée ?

– Une longue marche m'attend !

– Ouah… tu vas marcher trois semaines seule dans le désert ? Plus de 400 kilomètres ? C'est fou. Tu veux que je te dépose ?

Dvor me ramène près d'Arad, où je récupère le tracé du Shvil. Avant que je ne referme la porte, il me regarde longtemps, ses grands yeux tremblent. Il me lance timidement :

– Sister… J'espère que ça ne t'a pas choquée ce que je t'ai dit hier.

– Choquée ? Pourquoi ? On a tous notre histoire à porter dans ce monde, plus ou moins drôle. Le plus important, c'est de continuer à tracer notre voie, en écoutant notre cœur, et en tirant les enseignements de nos expériences passées.

– C'est tellement rare des gens comme toi, qui ne jugent pas.

– Le jugement, c'est ce qui tue le monde. C'est ce qui crée la discrimination. Ceux qui jugent sont des ignorants ! Bon, j'avoue, quelquefois, pour certaines choses, ça m'arrive encore. Mais au moins, j'en ai conscience ! C'est pas ça la première étape vers la guérison ?

Nous rions ensemble. Il me regarde encore, pose son poing sur son cœur.

– Bon courage Sister. Tu es pleine de lumière.

En avant. Seule dans le désert. Les nuages ont envahi le ciel. La chaleur de la mer Morte s'est dissipée, un froid sec cogne contre les pierres. Ça grimpe rude. Je me recroqueville contre mes sensations. Mon sac pèse lourd contre mes épaules, mes hanches. Les muscles de mes jambes se contractent. Mes chevilles vacillent dès que mon pied se pose sur le rasoir d'une roche. L'effort me tire dans tous les sens. Ma respiration se durcit. Je dépasse des baraques de bédouins, le chemin redescend puis le désert redevient désert. Il commence à pleuvoir.

Je trempe dans la pureté de la découverte. Au cours de mes voyages, j'ai escaladé des montagnes, des volcans, marché à travers la toundra, la taïga, vécu en plein milieu de la mer, mais jamais mes pas ne se sont posés sur la nudité et l'aridité d'un désert, qu'il soit de sable comme au Sahara ou rocailleux, comme ici. Le Néguev m'offre un baptême du désert. Son expérience en sera souveraine.

Pendant deux jours, je vais dans un océan de pierres grises, parsemé de petits buissons secs et hirsutes, soulevé par des collines fauves, tantôt douces, tantôt abruptes, imprégné d'un silence dense, assourdissant. Le Shvil me pousse dans le couloir sinueux d'un petit canyon, lisse et blanc, froid, humidifié par la pluie, où les graviers mouillés crissent les uns contre les autres, puis il me ramène vers le vaste océan de pierres. Parfois, une fenêtre s'ouvre dans les nuages, le soleil se pointe, il brosse les pierres de sa lumière. Les couleurs ocre et grises se vivifient, brillent de reflets nacrés puis la fenêtre se referme, tout redevient plus terne.

Dans le contre-jour d'une cime, la silhouette d'un homme sur un âne m'apparaît. Il fuit sur les arrières lorsque je lève la tête vers lui, comme s'il cherchait à m'observer mais à ne pas me rencontrer. Des chèvres et des chameaux sont dispersés sur les pentes, un peu plus loin. L'homme et son âne réapparaissent. Un berger bédouin.

Y a-t-il un secret qu'il ne voudrait pas partager ? Il me plaît de penser que ces bergers du désert possèdent en eux un savoir millénaire : survivre dans ce milieu hostile, ainsi que le firent Moïse et ses douze tribus, quarante années durant. Et si cette longue marche dans le désert me permettait de comprendre ce que ces derniers vécurent pendant l'exode ? Le désert pourrait-il me devenir lieu de manifestation, de révélation ? Israël me monte à la tête.

Avant d'y poser les pieds, j'avais solennellement enterré la Bible. Désormais, je m'en inspire comme d'un recueil de symboles qui volent dans le vent de mes réflexions. Est-ce ce changement que j'ai pressenti sur les berges de la mer de Galilée ? S'il m'a d'abord effrayé, il a fini par m'apprivoiser. Quelques semaines auront suffi pour que je jette mes croyances dans le feu du questionnement, et que brûlent en moi de nouvelles pistes d'exploration. Un miracle en soi. Il y a moins de trois mois, je m'étais engagée à ne pas voyager, arrimée à la volonté de former les autres. Qu'aurais-je transmis de bon quand il me fallait encore me nourrir du monde, l'expérimenter ? Dans cette quête sans fin, vais-je un jour pouvoir – vouloir – me poser ? Suis-je appelée par ce destin ou est-ce moi qui le crée ?

Le désert me remue, je trébuche, le poids de mon sac m'entraîne sur le côté. Je plante mon bâton, me rattrape de justesse. Je secoue la tête. Mes questions attendront, je dois me concentrer. Je me focalise sur le chemin, le ronflement du vent dans mes oreilles, le chant de mes pas contre le sol, la psalmodie de ma marche en solitaire. Le désert se conjugue au présent.

Au creux du deuxième jour, une monstrueuse usine d'engrais déforme l'horizon. Elle crache une fumée noire dans le ciel gris, brise l'harmonie de mon immersion. Ça sent l'acide et la pourriture. L'implacable fièvre de l'exploitation me désole. Pourquoi protéger une terre sacrée si c'est pour en même temps la polluer ?

Je baisse les yeux pour l'éviter. Les pierres, grises comme le ciel, sont toujours là, par centaines, par milliers autour de moi, intactes, infiniment sages, silencieuses comme au premier jour de leur création. Je suis seule avec elles, muette comme elles. Ainsi nous parlerons-nous. Que pouvons-nous faire contre l'altération du monde ? je demande. Être et ne pas nuire est déjà l'amorce d'un bon programme.

Le crépuscule approche, je tombe sur trois paysans aux mains calleuses. Ils trinquent au café à côté de leur 4x4.

– Viens boire une tasse avec nous !

L'un d'entre eux se dirige vers mon sac, en jauge le poids.

– Il fait plus de vingt kilos ton truc ! T'es une wonder woman ! Tu prends combien de litres d'eau avec toi ?

– J'ai porté cinq litres depuis Arad jusqu'ici et il doit m'en rester un. Mais ce soir, je récupère trois litres cachés autour du prochain camp. Si je les trouve !

– Prends cette bouteille au cas où, me disent-ils tandis que l'un d'entre eux va la chercher dans son 4x4. Tu as des origines thaïlandaises ?

– Indonésiennes, par ma mère.

– Ah ! Tu ressembles un peu à ceux qui travaillent dans les champs avec nous ! Ils sont thaïs !

– Thaïs ? Mais qu'est-ce qu'ils font ici ?

– Ils viennent pour travailler. Tu ne les as pas encore vus ? Tu les trouves dans plein de fermes en Israël. Ils sont juste les meilleurs !

Ils me questionnent sur ma vision du pays, vont jusqu'à sonder ma connaissance du désert :

– Tu sais ce que c'est un *wadi* ?

– C'est le lit d'une rivière asséchée, non ? J'ai vu ça dans le Nord.

Ils rient en chœur. Je ne comprends pas.

– Une rivière asséchée ?! C'est surtout une rivière qui rêve ! Une rivière qui rêve d'être rivière !

Après vingt minutes d'une recherche digne d'une chasse au trésor entre tas de pierres et buissons, je déniche mes trois litres d'eau. Je quitte le camp réservé aux randonneurs : une large étendue de graviers, nue, délimitée par de gros rochers. Rebutée par sa proximité avec la route, je repousse ma fatigue pour grimper plus haut, plus loin.

Des murs en ruines trônent sur le dessus d'une colline. Cette petite forteresse me protège de la morsure du vent glacé. L'endroit est parfait pour bivouaquer. Je me perche sur le muret de pierres, écarte les bras, embrasse le vent tout-puissant et hurle vers le ciel en colère. Là-bas, au-dessus de l'extrémité sud de la mer Morte, les nuages sombres se déchirent. Un grand arc-en-ciel se dessine, un pied au nord du Néguev, d'où je viens, l'autre dans les montagnes jordaniennes. Soudain, une lumière ambrée dévore l'espace tout entier. Ma peau se dore, mon ombre s'étire, longue et fine, comme une traîne de velours. L'instant est saturé de magie. Ma forteresse peut être en ruines, je me sens reine du désert.

La nuit tombe. La lune est pleine comme un disque argenté. Le froid est cinglant. Je me blottis dans ma tente. À travers la toile, la lune est toujours présente. Je rêve que je flotte avec elle, que je me pare de sa lueur, que les étoiles scintillent, dansent et chantent autour d'un monde en joie. Je rêve que je suis le monde, et que le monde est en paix. On porte tous un peu de *wadi* en soi.

3 février, Makhtech Katan

Au bord de la terre, je m'émerveille. Makhtech Katan ouvre son cratère vers le ciel lourd, obstrué. Ses parois fauve et ocre encerclent à la perfection un grand vide, plein d'un je-ne-sais-quoi qui m'électrise. Je m'engage prudemment sur les lacets du sentier, je m'enfonce vers l'abîme.

Makhtech Katan signifie « petit cratère ». Il s'étend sur 6 kilomètres de large et 8 kilomètres de long, une longueur modeste comparée à celle de ses deux frères géologiques, situés plus au sud : le Makhtesh Gadol, « grand cratère », long de 10 kilomètres, et Makhtesh Ramon, « cratère de Ramon », long de 40 kilomètres. La singularité de ces cratères vient de ce qu'ils sont nés d'un processus naturel d'érosion, extraordinairement lent. La terre a décidé de révéler au grand jour son sous-sol de granit, de basalte, de calcaire et de grès, qui la peignent d'innombrables couleurs. Plusieurs millions d'années durant, la nature s'est forgé une beauté. La patience est à la source d'œuvres divines.

Une bruine laiteuse s'installe confortablement à l'intérieur du cratère. Le chemin descend longtemps avant d'en atteindre le fond. Il se mue en une large rivière de sable. Assoiffée, elle siphonne mon énergie, comme pour se venger. Mes pas s'y enfoncent lourdement, péniblement, laborieusement. Je suis épuisée, érodée moi aussi. Je pose mon sac contre une roche aux jolies strates rouge, jaune et chamois, me concocte mon sandwich du jour, aux strates dégoulinantes thon-œuf-tahin. Je l'engouffre, mâchonne des dattes, jette un regard usé sur le ciel. Il bruine sur mes yeux. Les nuages sont bas. En langage aéronautique, on dirait : « Le plafond est bas. » En langage de marcheur : « Ça fait chier. » Les strates de ma pensée.

Quand je repars, je me dis « soleil », me le récite en boucle, comme un mantra qui me permettrait de dépasser ma fatigue. *Soleil… soleil… soleil.* Entre chaque « soleil », je gagne 3 ou 4 mètres de plus. Je me livre à un petit calcul mental : sachant qu'il me reste environ 8 kilomètres avant le prochain camp, combien de « soleil » vais-je pouvoir prononcer ? Je m'arrête sous le regard des hautes parois verticales qui m'entourent, stoïques. Deux mille. Le tempo de la marche m'invite aux mathématiques.

Une couverture de roches noires tapisse les courbes du fond du cratère. La soif me tenaille. Le tuyau de ma poche à eau entre les lèvres, j'aspire une gorgée, fraîche, une seconde puis, le bruit de la succion dans le vide. Plus d'eau. Sur ce coup-là, mauvais calcul.

Ça remonte. Le chemin se hisse, abrupt, entre les roches fauves de la paroi occidentale du cratère. Les bâtons en guise de piolets, je grimpe à petits pas, gravis les millions d'années de travail de la nature. L'effort me penche sur ses innombrables détails, pierres saillantes, terre sablonneuse. La sueur de mon front se mêle à la bruine.

Soleil... soleil... soleil. D'un coup, les pierres s'illuminent. Je lève la tête. Le ciel s'est percé d'un trou. Le soleil en jaillit, fier, joyeux. « Soleil ! Enfin ! » je crie. Et je ris. Je ris si fort que l'énergie me revient, si fort que j'ai l'impression que les parois s'animent, et qu'elles rient avec moi.

En haut, le sol s'aplanit. Le soleil disparaît. La fatigue me retombe dessus comme une claque. Je passe ma langue sur mes lèvres. Le goût salé de la sueur et rugueux de la poussière. J'ai soif de nouveau. De l'eau est disponible à l'entrée d'une base militaire inoccupée, non loin du camp, à moins de 2 kilomètres. Alors, je pense « eau ». Je marche tout droit vers la base. *Eau... eau... eau.* Des gouttes de pluie se mettent à tomber. Incroyable. Mes pensées auraient-elles le pouvoir de se matérialiser ? Hasard ? Le hasard n'existe pas... alors quoi ? Chamanisme ? Dieu ? Cette terre finira par me rendre folle.

Mes réserves d'eau sont pleines. Je rejoins le camp, entouré du silence des collines. Je monte ma tente, trouve du bois sec dans un *wadi* qui me souffle son rêve, le regroupe entre un cercle des pierres. C'est le premier feu que je fais en Israël. Cet instant me devient cérémonie. L'allumette craque. L'étincelle illumine mes doigts, la flamme jaillit. Elle vacille. Je la protège au creux de ma paume, l'approche du papier déchiré. La flamme lèche un bord, hésite, se redresse puis court vers l'autre bord. Elle se propage aux autres morceaux de papier. Ils noircissent, se recroquevillent. La flamme grandit. Elle s'empare d'une brindille. Elle peine, freine, faiblit. Elle siffle. Elle s'asphyxie, manque de mourir. Je rapproche ma tête du sol et souffle doucement, délicatement. La brindille rougeoie, elle s'embrase. La flamme revient. Elle repart, plus forte, plus confiante. Elle saute d'une brindille à l'autre. Elle se multiplie. Les flammes sont partout. Elles s'élèvent et s'attaquent au plus gros bois, rongent l'écorce, se glissent dans les fissures, en ressortent encore plus fortes, plus confiantes. Elles se réunissent. Elles chantent, dansent. Elles deviennent feu.

J'inspire l'odeur du bois qui brûle, j'écoute les crépitements, regarde les étincelles claquer dans l'obscurité, la ronde du silence autour des flammes. Alors que le froid givré de la nuit envahit le désert, la chaleur du feu se pose contre une moitié de mon corps : mon visage, mes épaules, ma poitrine, mes tibias. Je remercie le feu d'être là.

Deux jeunes arrivent sur le camp. Joshua et Aviv. Américains d'origine, ils ont une vingtaine d'années. Ils ont fait leur *alya* l'an passé et s'apprêtent à rentrer dans l'armée. Ils me rejoignent autour du feu. Ma gamelle de lentilles corail entre les mains, je discute du chemin avec eux, confronte mes informations aux leurs.

– On fait le Shvil jusqu'à Tel-Aviv et après, direction l'armée ! me dit Joshua.

– Une façon de se mettre en forme avant, ajoute Aviv.

Je finis mes lentilles, racle le fond de ma gamelle. J'ai encore faim. Joshua taille trois bouts de bois en forme de piques, nous en tend un à chacun, puis ouvre un gros paquet de chamallows.

– Sers-toi ! Un petit plaisir après cette longue journée !

J'embroche un chamallow rose, le fais tourner au-dessus des flammes.

– Et l'armée, vous appréhendez ?

– Ça va être long trois ans, mais c'est comme ça. Quand on choisit de vivre ici, faut être prêt à ça. C'est aussi une fierté de pouvoir défendre notre pays. Sans ça, ça fait longtemps qu'il ne serait plus là.

Mon chamallow gonfle, noircit, je souffle, le mange. Il croustille puis fond, chaud, contre mon palais. Joshua ajoute :

– Mais toi aussi tu as fait l'armée ?

– Pendant douze ans, oui. Je me suis engagée dans une carrière d'officier. C'est pour ça que ça ne me choque pas ce que vous faites. Moi aussi j'étais prête à défendre mon pays, à « mourir pour la France », comme je le disais à cette époque ! Une vieille histoire maintenant. Mais je ne regrette rien. Ça m'a donné de bonnes bases, de bons repères, peut-être les meilleurs, pour un tas de choses après.

– Douze ans ?! C'est complètement dingue !

– Tu es pire que nous ! Nous, on le fait parce qu'on est obligé !

Nous tendons nos piques au-dessus des flammes. Un trio de fleurets. Dumas sourirait de cette version *chamallowiste* des Trois Mousquetaires.

– Et ceux qui ne s'engagent pas, ils font quoi ? Y a toujours un service obligatoire en France ? demande Joshua.

– Maintenant, ils font juste une journée. Ridicule. Mon pays perd ses repères, sa cohésion. Heureusement qu'on n'est pas en guerre ! Parce que si un jour ça arrive, eh bien, on est dans la merde.

– Une journée ?! Mais ils apprennent quoi en une journée ?

– À compter.

4 février, de Makhtech Katan à Oron

L'aube est claire, froide, belle. La boule dorée du soleil commence à poindre derrière les crêtes sombres qui se chevauchent à l'infini, montent, redescendent, montent encore jusqu'à se perdre dans le bleu de la brume. Je vais dans la houle fauve du désert. Mon ombre se détache en contrebas, sur un flanc rocailleux, piqueté de silex noirs, luisants. Elle marche quand je marche, s'arrête quand je m'arrête. Elle m'accompagne.

Lustré par la lumière, le désert est flamboyant. Cuivre et ocre, ocre et cuivre, caramel, je ne me lasse pas de ses éternelles nuances. En l'absence de nuage et de vent, la chaleur retrouve vite sa place. J'enlève ma veste, protège mon crâne d'un foulard ; 200 mètres plus bas, le canyon Yemin, vertigineux. Je descends à l'intérieur de son chaos de pierres et de gros rochers, qui s'exposent, nus, à l'œil agressif du soleil. Je disparais dans les entrailles de la terre.

Le canyon me retient entre ses parois de grès, sous un fleuve de ciel bleu. Immergée dans ce paysage statique et désolé, je revois les montagnes, les forêts et les vergers du nord du pays, bavards, extravertis, l'étendue illimitée de la mer Méditerranée, les généreux monts de Judée, les champs plats et les timides collines du centre, coiffées de broussailles et de bosquets. Quelques centaines de kilomètres plus au sud, je progresse au cœur d'un gigantesque monde minéral, digne, figé. La richesse de cette terre exiguë réside dans ses contrastes, ses différences. De là provient sa grandeur.

Le sol graveleux est parsemé de petits buissons secs, hirsutes. Un acacia déploie sa canopée en forme de parasol géant. Dans l'agréable fraîcheur de son ombre, une carcasse de bouquetin. De larges lambeaux de chair sont suspendus autour de ses vertèbres et son fémur. Les chacals – ou les loups ou les hyènes ? – ont bâclé leur travail de bouchers. Plus loin, des damans des rochers sautent des branches d'un arbre, fuient dans la fente obscure d'une roche. La vie sauvage s'exprime dans le Néguev. Il faut dire que l'eau qui rampe dans les sous-sols de ses canyons ou ses *wadi* permet aux plantes les plus audacieuses de se développer. Qu'importe l'aridité, si elles peuvent être, elles seront. J'apprécie cette philosophie de la ténacité.

Une longue échelle et une série de poignées métalliques me hissent hors du canyon, puis, passé une route et une voie ferrée, le chemin me porte sur un fragment acéré de la crête du Makhtesh Gadol, que j'escalade à l'aide des mains, prosternée comme dans un signe d'humilité. Une fois au sommet, je me redresse, reprends mon souffle, livrée aux vents qui montent du grand cratère vers le bleu infini du ciel. Le soleil s'assied sur le vaste horizon. Un tourbillon de poussière se soulève du sol puis retombe, exténué. Le désert résonne avec mes sensations. Il me précède et me suit, se fait complice de mon devenir. Je lui adresse un sourire, le pétrie de mes pas, et m'enfonce entre les reliefs de sa poitrine cuivrée.

En fin de journée, je redescends vers la route, où des camions se pressent vers l'usine d'Oron. Le camp est situé devant son entrée. Le fracas des pierres qu'on brise. Celui des graviers qu'on déverse au sol. Aucun charme. Au moins y a-t-il de l'eau. Deux Lituaniens ont déjà posé leur tente. Ils marchent vers le nord, le temps d'une semaine de vacances. Je scrute les environs, cherche ce qui pourrait ressembler à une épicerie.

– Il n'y a rien pour acheter de quoi manger ?

– Heu… non… juste l'usine. Pourquoi, tu n'as plus rien ?

Une légère angoisse me saisit. Mon estomac se rétracte, il grommelle.

– Si, je peux me restreindre, et avoir de quoi tenir les deux jours restants. Mais d'après mon guide papier, on pouvait se ravitailler ici.

Ils me regardent sans rien dire.

– On a des pâtes si tu veux, pour ce soir.

Le gaillard blond sort son gros paquet translucide, où les pâtes se tortillent tristement.

– C'est gentil… Mais tu vois, là, je meurs de faim ! J'aimerais un truc plus consistant. De la viande !

Je réfléchis. Les buissons et les acacias du désert m'apparaissent. Du bout de leurs racines, ils dénichent l'eau et les nutriments, aussi rares soient-ils, là où ils se trouvent, puisent ce dont ils ont besoin sans hésiter. D'un pas convaincu, je me dirige vers l'usine. Une barrière en ferme l'entrée. Une guérite. Derrière une vitre, un homme au ventre rond, avec un T-shirt « My Best Choice » écrit en gros, m'observe. Je souris, lui fais signe, il sort. Je lui parle en anglais. Il ne comprend pas.

– Russe ?

– Non.

– Français ?

Son visage poupard se complète d'un grand sourire.

– Oui ! Tu parles français aussi ? Je viens d'Algérie ! Qu'est-ce que tu cherches ?

– De quoi manger. Je fais le Shvil vers le sud et je suis un peu juste en nourriture. Je pensais qu'il y aurait une épicerie ici.

Il me lance un air désolé.

– Il n'y a rien ici, à part des ouvriers.

Je le regarde droit dans les yeux.

– Vraiment ? Rien ?

Il hésite, me tend un bout de pain.

– C'est tout ce que j'ai.

Je continue de le regarder.

– Merci, c'est super gentil, dis-je en arrachant un bout de pain avec mes dents.

Je reste plantée devant lui. Il croise les mains sur son « My Best Choice ».

– Bon... en fait, il y a une cantine pour les ouvriers. Écoute, je ne te promets rien, mais je vais leur demander. Après leur repas, s'il leur reste quelque chose, je te l'apporterai. Vous êtes combien ?

Je pense aux Lituaniens.

– Trois.

– Vous êtes installés à côté ? Sur le camp ? Ok. Je ne te promets rien. Compris ? Mais parce que c'est toi, je vais essayer.

J'en saute presque de bonheur, le prends dans mes bras, et cours vers le camp.

Une heure plus tard, c'est le festin. Cuisses de poulet, frites, cœurs d'artichaut, riz au curry, aubergines remplissent les barquettes en aluminium que « My Best Choice » nous a apportées. Les Lituaniens se régalent autant que moi.

– Comment tu as fait ? me demandent-ils, ébahis.

– J'y ai cru avant même de demander !

5 février, d'Oron au camp Mador

La marche est dépassement. Dépassement de ses douleurs, de sa fatigue, ses faiblesses, des reliefs d'une terre qui, sous l'effet d'une puissance souterraine, s'acharne à exposer son caractère le plus âpre, vif, pur. Je vais sur l'arête du Makhtesh Gadol, en équilibre entre le grand vide du cratère et un millefeuille de roches dures, obliques, escarpées, flagellées par le vent. Chaque pas doit être pesé, maîtrisé, chaque mouvement contrôlé, au risque de chuter d'un côté ou de l'autre. Seule sur l'interminable ligne de crête, j'empoigne mon attention, l'aiguise afin qu'elle me guide avec justesse dans cette lutte ardente contre les éléments.

Une lutte ? C'est pourtant la joie qui me fait avancer, plus loin, toujours plus loin sur ce chemin, toujours plus loin dans ma vie. La joie de lutter, donc. La joie est la source féconde de mes décisions, mon bouclier contre la peur, la colère, la haine, mon tremplin vers le courage. Sans joie, la vie serait aussi morose qu'une longue autoroute qui mènerait tout droit vers l'extinction. Quand j'écoute ma joie, j'écoute les tressaillements de mon âme, ses désirs, ses envies. Quand j'écoute ma joie, je me sens pleine de vie.

Si le désert me remplit de joie, n'est-ce pas qu'il parle à mon âme ? Dans ce corps à corps avec les éléments, je me sens proche de mon âme, unie à son langage. Jamais je ne l'ai entendue si libre, exaltée, enflammée. J'ai soudain le sentiment de ne plus être un corps pourvu d'une âme, mais une âme pourvue d'un corps. Un souffle d'éternité s'immisce en moi. Mon expérience n'est plus physique. Elle est spirituelle.

6 février, du camp Mador à Sde Boker

La nuit a été très froide, humide. La toile de ma tente est trempée. Le désert est humecté de rosée. Dehors, le ciel pâle de l'aube, vide. Dans un silence sublime, je sirote un thé à la menthe, brûlant, sucré au miel. Le désert me bâillonne. Je n'ai pas prononcé mot depuis ma rencontre avec les deux Lituaniens. Qu'il est bon de ne plus parler.

J'imagine une journée dédiée au silence où, l'espace de vingt-quatre heures, personne ne parlerait. Dans la nature, on réapprendrait à écouter. Écouter le bruissement des arbres, le froissement d'une feuille, le chuchotement d'une rivière, les soupirs de la mer, l'envol d'un oiseau. Mais c'est en société que l'expérience serait la plus intéressante. On réapprendrait à se regarder les uns les autres, à déchiffrer les expressions de nos visages, à distinguer les lueurs qui s'animent dans nos pupilles, à décoder les gestes. Les mots ne seraient plus l'objet de discorde, d'interprétation, de malentendu. Seuls ne compteraient que les actes, les mouvements de corps qui vont et qui viennent, se touchent ou s'évitent, mais dans tous les cas, s'expriment. Si l'esprit peut tromper par l'usage des mots, le corps ne triche pas. Peut-être cela nous enseignerait-il un langage plus vrai, plus sincère. Heureux les muets, ils ont avec eux le langage de la sincérité !

On reprendrait conscience de la valeur véritable des mots qui, s'ils peuvent devenir des armes redoutables, blesser, meurtrir, manipuler, diviser, peuvent s'avérer magiques, porteurs d'amour et de lumière, de grâce, créateurs, rassembleurs. Car les mots renferment en eux un réel pouvoir, une vibration qui va au-delà du mot lui-même, une énergie. On réapprendrait à entendre leur chant, leur mélodie, leur poésie et à les employer avec une conscience aiguë de ce qu'ils sont.

J'en arrive à un point qui m'a sérieusement intriguée depuis mon passage à Tzfat : la langue hébraïque et son approche kabbalistique, qui défie le mot avec son art de l'anagramme, le *tsérouf*. Le couple de Lakhich m'a donné l'exemple du mot peur, qui se traduit פחד *pakhad* en hébreu. En inversant les lettres, ce même mot donne דחף *dakhaf*, qui, cette fois-ci, signifie l'élan. En d'autres termes, en renversant la peur, on y trouve l'élan. Dépasser le sens premier du mot, le décrypter et lui trouver par un jeu de permutation des lettres un sens caché, un sens sous le sens, n'est-ce pas une façon de revenir à l'énergie même du mot ? Dénouer les mots permettrait à l'homme de se dénouer lui-même, de se libérer des liens qui l'emprisonnent dans le carcan des dogmes, des croyances, des préjugés. Le désir d'en apprendre davantage sur l'hébreu et la kabbale me creuse, me tiraille, comme s'il y avait là des clés qui me permettraient d'ouvrir des portes dont je ne soupçonne pas même l'existence. J'ai soif de comprendre, soif de connaissance.

Le soleil s'accoude à une dune. Le désert ruisselle d'ambre et d'or. Sans un mot, il me murmure son message : l'heure est au départ. Je me remets en marche. Les cimes du Makhtesh Gadol s'éloignent derrière moi. Le chemin s'esquisse sur un tapis de pierres. Sur ma droite, la colline Mador, surnaturelle. Sa silhouette fauve, massive, allongée, creusée dans ses flancs, est féline. Un sphinx sans tête. Plus loin, dans l'immense vallée Zin, la terre se soulève en une multitude de dômes, comme si un grand secret la poussait à s'exprimer. Plus loin encore, des racines minérales géantes donnent naissance à de gigantesques parois, coiffées de nuages blancs venus de nulle part.

La nature a fait du désert son atelier d'artiste. La roche pour matière, la force érosive du vent et de la pluie pour ciseaux et limes, elle s'installe à la table du temps, sculpte et ne fait plus que sculpter. Plus je marche, plus je m'émerveille. L'émerveillement a-t-il une limite en ces lieux ? Je tourne lentement sur moi-même, avale des yeux tout ce qui m'entoure. Partout, les créations s'élèvent, s'impriment dans ma rétine, me prennent aux tripes. Je chancelle, asphyxiée par tant de beauté.

Le soleil est suspendu au zénith. Devant moi, un *wadi* rempli de pierres et de buissons grillés. Je descends, commence à le traverser. En une fraction de seconde, le *wadi* prend vie. Il se remplit d'eau, devient rivière. Ses berges se couvrent d'une herbe fraîche et épaisse. Ses buissons verdissent, grandissent, se transforment en bouleaux nains. Le ciel se durcit, l'air se rafraîchit. À mes côtés, un ours brun plonge sa lourde patte dans le courant, en quête d'un saumon. Je suis brusquement propulsée sept années en arrière, au cœur du Kamtchatka. Je sors du *wadi*, je me retourne, il est de nouveau *wadi*, rempli de pierres et de buissons grillés.

Mon cœur s'agite. Ma vue se trouble. Je suis abasourdie. Ma mémoire s'est jetée, furieuse, sur des éclats de mon vécu pour les encastrer dans mon expérience présente. J'en suis certaine, il n'est point question de nostalgie. L'énergie de ce *wadi* a enclenché l'alchimie de ma mémoire, extrait des fragments de mon passé, afin de se faire l'écho, parfait, de l'énergie du Kamtchatka. Le *wadi* vient de pulvériser les dimensions de l'espace et du temps. Il m'a projetée au-delà de la matière. Il s'est servi de l'échelle temporelle de mes souvenirs afin d'accomplir un rapprochement spatial.

Je poursuis dans la vallée dorée, mes pas grincent contre le sol, la chaleur prend appui sur ma peau. Je marche sans avoir conscience de marcher, portée par les muscles du chemin, du soleil, du silence. Un éclair de clarté me foudroie. D'un coup, je m'arrête, plantée comme un roc au milieu des pierres. La force d'attraction de cette région, sa force sacrée, celle qui captive depuis des millénaires les peuples, les civilisations, les nations de tous continents, combattant jusque la mort, celle qui séduit les oiseaux migrateurs et la magnétite de leurs cerveaux au point qu'ils décident de s'arrêter ici même, ou encore celle qui aurait amené Néandertal et Sapiens à s'hybrider en ces lieux, celle qui m'a guidée moi-même, cette force n'émane ni des mots, ni des monuments, ni des religions, qui n'en sont que conséquences, ni des hommes, qui ne l'ont pas créée mais ont su la préserver, en ne cessant de croire en elle, quitte à se battre. Elle émane du puissant magnétisme séquestré dans les plis de la terre, ses replis, ses reliefs, ses sous-sols, dans les pierres, les eaux, la lumière et qui, depuis des semaines, suinte et pénètre mon corps, ma bouche, mes narines, mes pupilles, mes oreilles, mes pores, pour se loger jusque dans mes cellules. La force d'attraction de cette région, c'est le rayonnement de ses énergies, souterraines et célestes, c'est son tellurisme.

7 février, de Sde Boker à Mitzpe Ramon

Arrivée la veille à Sde Boker, il me fut bien étrange de renouer avec la présence du bitume, des maisons et des hommes. La soirée fut toutefois rapide entre un ravitaillement à l'épicerie, un dîner spaghettis en tête à tête avec le chien – Baba – de mon hôte absent, une douche décrassante et dépoussiérante, et une extinction des feux aux environs de 9 heures.

À l'orée d'un haut plateau, le kibboutz Sde Boker surplombe la vallée Zin. Il est connu pour avoir été choisi par Ben Gourion, l'un des pères fondateurs de l'État israélien, comme lieu de retraite et d'inhumation.

Ô comme je comprends le vieil homme. Assise en tailleur sur un rocher, j'assiste à la naissance du soleil. Il dépasse l'horizon, embrasse la voûte de nuages, la teinte de rose, de lavande, de safran, de corail, allonge les ombres et souligne les reliefs des sculptures rocheuses qui encadrent la vallée. Un voile de silence se tisse entre ciel et terre. Je pourrais passer chaque matin de ma vie à me nourrir du tableau mouvant de l'aube sur le désert. Avec ce soleil dans la mémoire, toute existence paraît moins obscure.

Je retrouve le désert fauve. Il s'étale, plat, en surplomb de la vallée. Une tente ouverte sur le paysage est posée sur le bord du chemin. Ses larges pans de toiles en bâche beige volent au vent, libres et sauvages. Un assemblage de poutres ni parfaitement verticales, ni parfaitement horizontales les maintient en place, merveilles du bricolage. Au sol, des dizaines de matelas colorés sont étalés dans la poussière. Dans un coin, les vestiges d'un feu de bois. Sur un bout de contreplaqué cloué à une poutre, *Welcome* et *Peace* sont écrits grossièrement à la peinture bleue. Personne. On m'accueille en paix. Je me débarrasse de mon sac, m'assieds sur l'un des matelas, étire lentement mon corps endolori. Les toiles de la tente jouent avec le vent, me bercent d'une musique qui prend des airs de ressac. Je couve le paysage du regard. Une mesa à droite, un canyon en face, une mesa à gauche, la vallée Zin quelque part en contrebas. La sérénité du minéral et de la poussière. Une belle esquisse du bonheur. Je m'allonge. Mes vertèbres se déposent une à une contre le matelas. Des images du peuple juif dans le désert me viennent par flashs, Moïse à leur tête, robe au vent, bâton de berger en main. Des femmes, des enfants, des tentes. Des chèvres. La vie de nomade.

Je me tiens sur les berges du sommeil lorsque des pas approchent. Un pan de toile se lève. Une brouette se glisse sous la tente. Derrière, une femme ronde comme le soleil, vêtue d'une longue robe noire, couverte d'un voile vert. « Shalom », me dit-elle. Son grand sourire se prolonge jusque dans ses prunelles émeraude.

– Qu'est-ce que tu fais là ? Tu marches toute seule dans le désert ? dit-elle dans un mélange cocasse d'anglais, d'hébreu et d'arabe.

– Je me repose.

– Moi, c'est Maryam. Tu veux du thé ? À manger ? Je dois préparer à manger pour quatre randonneurs. Ils vont arriver plus tard.

Elle vide sa brouette, dépose sur une table un énorme saladier qui retient une pâte blanche enfarinée, une théière et une grosse marmite noircies par les flammes, de petits verres à thé.

– Je suis *bedawi*.

– *Bedawi* ?

– C'est le mot arabe pour bédouin. Ça veut dire « ceux qui vivent dans le désert ». C'est moi ! Ma famille ! Mes ancêtres !

Elle s'accroupit en grimaçant, se frotte les genoux, allume un feu, souffle sur les flammes, plisse des yeux à cause de la fumée. Elle tousse.

– Oufff... La fumée ! Le feu ! lance-t-elle.

Mon cœur se retourne dans ma poitrine, d'émotion et de stupéfaction. Cette scène est l'exacte réplique de ce que j'ai vécu avec les nomades éleveurs de rennes du Kamtchatka. L'image de Lydia, l'une des leurs, se plaque derrière le feu. Dans la toundra, sous une yourte en bâche, elle agissait de la même façon que Maryam auprès du feu, avant d'y préparer un thé, une soupe de renne ou du pain.

– Tu habites ici ?

– C'est ma maison numéro 2 ! Ma maison est à côté. Je vis avec mon mari et mes deux filles. Nous vivons comme ça depuis toujours ! En plein désert ! Avec Allah et nos chèvres !

Elle pose une grosse plaque noire, ronde et concave, sur les braises. Ses doigts épais, abîmés, témoignent de durs labeurs. Elle arrache un bout de pâte, la pétrit en une boule, balance la boule d'une main à l'autre. La pâte se distend, prend la forme d'un disque. Elle la jette contre la plaque.

– C'est notre pain ! *Hobz* en arabe !

Je fixe ses mains, son visage, son attitude, la marmite noire, la théière noire, les flammes du feu. Oui. Les mêmes ustensiles, les mêmes douleurs, les mêmes traits. Des nomades du désert aux nomades de la toundra, il n'y aurait qu'une différence de climat. Ce que j'ai éprouvé la veille dans la vallée Zin me devient plus clair encore. La même énergie des lieux, la même énergie de vie, le tout séparé par des milliers de kilomètres. L'hostilité de la nature, alliée à sa puissance et à son magnétisme, a bâti un pont invisible entre ces deux régions. La nature unit ce que la culture et la géographie divisent. Elle assemble les consciences.

Maryam me sourit.

– Tu dois manger avant de marcher !

Elle me tend un pain chaud, une assiette d'houmous, égare ses yeux dans le désert. Elle soupire.

– Ah… J'espère que le groupe va bientôt arriver.

– Ils vont te prévenir ?

Elle me montre son vieux téléphone portable à l'écran de la taille d'un sparadrap.

– Ils ont appelé hier. Quelquefois ils disent qu'ils viennent et ils ne viennent pas. Moi je ne sais pas. Dieu sait ! dit-elle dans son mélange anglais-hébreu-arabe tout en levant les yeux au ciel.

Elle soupire encore, pose un long regard sur moi.

– Tu vas jusqu'à Mitzpe Ramon ? Toute seule, tu es sûre ? Alors, tu dois partir ma fille. C'est deux jours de marche jusque là-bas. Tu as un long chemin encore. Ah… moi aussi avant, je marchais comme toi. Tu as assez d'eau ?

Maryam me serre fort contre sa poitrine généreuse, chaude et moelleuse. Elle appuie ma tête sur son épaule. Son geste est ferme et spontané, maternel. Des larmes me viennent.

– Reviens ma fille ! Je suis seule toute la journée avec mes filles ici. La vie de bédouin est dure, tu sais. Je serai heureuse si tu reviens !

Je m'avance dans le désert, me retourne une dernière fois, Maryam agite son bras puis disparaît derrière les pans de toile de la tente. J'emporte son sourire avec moi. Il caresse ma solitude.

Cette solitude m'accompagne deux jours durant. Pendant de longues heures, je me noie dans la lumière, je me dissous dans le désert. Il m'accueille sur ses fidèles plateaux rocailleux, arides et bruts, éclaboussés de ciel bleu. Je poursuis une idée du chemin. Vassal du désert, le sentier s'efface parmi les pierres. Il se soumet à sa grandeur, qui nettoie l'espace de toute trace humaine. Le temps ralentit. Mes pas se lestent. La marche devient monotone. La chaleur s'accroît. Elle pèse de plus en plus lourd contre mon crâne, mes épaules. Asséché, mon esprit se rétracte sur un objectif élémentaire : détecter la rare bande tricolore et avancer.

À différents endroits, le désert, bienveillant, me propose des entractes. Ils m'arrachent à la torpeur, ils relancent ma marche. Ici, les vautours. Planqués dans les creux d'une falaise, ils me surveillent. Lorsque je m'approche, ils se jettent, intrépides, dans le vide, tournoient, et tournoient encore à l'intérieur d'un cylindre invisible qui les mène haut et loin dans le ciel.

Là, le sous-sol imbibé d'eau donne naissance à une colonie de milliers de roseaux qui sinuent entre les solides parois calcaires. Plus loin, alors que le sentier crochète le désert, la main de la nature a serti des parois blanches poncées par l'érosion de longues lignes de silex noirs. Plus loin encore, un fouillis vert, rebelle et insolite, se cache entre les plis du désert : une oasis. Je m'y enfonce avec hâte. Les palmiers échevelés grimpent les uns sur les autres. Des feuilles mortes gémissent sous mes pas. Je m'allonge sur un tronc penché, presque horizontal, me nourrit de l'ombre, du délicat mouvement des feuilles qui retiennent le soleil, du piaillement frénétique des oiseaux, du chuchotement d'une source invisible. J'inspire à pleins poumons l'odeur fleurie de cette vie végétale et animale soudaine, effervescente. Une heure se passe avant que je ne décide de quitter l'oasis. Une centaine de mètres plus tard, derrière moi, elle devient indétectable, engloutie par la terre.

Reste l'entracte le plus fabuleux : le crépuscule. Je pose ma tente dans un grand nulle part de roches. Le soleil décline, écarlate. Il se glisse lentement sous l'horizon. L'ombre galope sur les pierres. Une lumière bleue recouvre le désert. Le soleil disparaît. Les minutes se suspendent, comme si son absence aggravait le silence.

Mais le soleil n'a pas dit son dernier mot. Dans un sursaut, il jette sa lumière dans le peuple de nuages filants, les peint d'un rose doux, radieux, qui se fond sur une couche de bleu indigo. Mus par un souffle imperceptible, les nuages s'écartent puis laissent pénétrer entre leurs bras effrangés un bleu plus clair, pâle. C'est alors qu'une colombe s'esquisse, légère, aérienne. Elle envahit l'espace céleste, comme pour diffuser son message de paix sur l'ensemble de la terre. Apparition séraphique. La grâce du spectacle me touche en plein cœur. Je tombe à genoux. Plus que jamais, j'aime la vie.

J'entre dans un état de ravissement dans la nuit. Un quartier de lune et des milliers d'étoiles font luire le monde. Aucun autre instant ne m'a autant rempli de quiétude. Immobile sous le ciel scintillant, je salue les millions de photons venus du lointain passé. Ils remontent le temps jusqu'à capturer le présent au centre de mon iris. Leur éclat blanc givré me semble plus proche et éloquent ici qu'ailleurs, comme si l'Univers se contractait au-dessus de moi. Mon attention se cramponne aux trois étoiles de la ceinture d'Orion. Quel est leur secret pour qu'en cet endroit précis, elles me deviennent soudain favorites ? Est-ce parce qu'elles sont situées sur l'équateur céleste et, vues du monde entier, éclairent une plus grande part de l'humanité ? Les Égyptiens m'ont précédée depuis longtemps dans cette fascination. Une théorie soulève qu'ils auraient bâti les trois plus grandes pyramides de Gizeh en corrélation de distance avec les trois étoiles de la ceinture d'Orion. Dans leur mythologie, Orion est associé à Osiris, dieu du monde des Morts, mais aussi symbole de la Renaissance.

S'il y a renaissance, c'est qu'il y a au préalable achèvement. Cela corrobore ce que m'indiquaient les deux jeunes de l'auberge de Jaffa sur mon « truc » avec le chiffre 7, symbole d'achèvement dans la kabbale. Dans cette multitude de réflexions, je pense à ma précédente renaissance. Elle a débuté par la mort de mon père, qui déclencha une cascade de changements dans ma vie, jusqu'à me conduire ici. J'avais 28 ans. C'était neuf années plus tôt, jour pour jour presque. Neuf années déjà ? Balancée par les flots du voyage, je n'ai pas vu le temps fuguer. Neuf symbolise la fin d'un cycle.

La conclusion s'impose à moi. Mon passage sur ces terres clôture un chapitre. Il en ébauche un autre. Puisse Osiris me guider vers ma prochaine renaissance.

À mon réveil, l'aube est saisissante de fraîcheur. J'ouvre les yeux sur l'immensité du silence. Ou plutôt, une impression du silence. Car mon oreille est surprise par de petits bruits, ponctuels, qui rythment la paix du désert. Des oiseaux lancent une rafale de trois ou quatre sifflements, attendent plusieurs secondes, puis envoient une autre rafale. J'ignore où ils se cachent, dans quel *wadi*, quel buisson, car autour de moi, il n'y a rien d'autre que la pierre. Le désert est un déluge de mystères.

Je m'enfonce dans les artères d'un grand canyon aux murs lisses et blancs. Ils sinuent, se penchent sur moi, presque bord à bord, me protègent de la chaleur. Je me colle à eux comme à de grands frères. Ils sont froids, rassurants. Plus loin, les murs blancs cèdent la place à d'éminentes parois de grès fauve. Le glacis du ciel bleu posé sur les cimes, l'intense contraste entre l'ombre du dedans et la lumière du dehors, les sculptures et le chaos des roches géantes, jouent une mélodie qui m'envoûte, à la fois belle et triste, solennelle, dramatique, un dernier cri à la vie à l'approche de la mort, le *Lacrimosa* de Mozart. J'en oublie le chemin. Je marche, déployée vers la beauté, je marche, mue par une autre volonté, qui me dépasse. Une intuition soudaine me conseille de me pencher sur la carte. Je m'arrête, constate : le Shvil est loin derrière moi. Le canyon m'a possédée, il a souhaité me garder. Son caprice me vaut un détour de plusieurs kilomètres.

Je m'extirpe du canyon à la sueur de mes bras, grimpe à des échelles scellées dans la roche, retourne à mes plateaux de pierres, à mon soleil assourdissant, marche plusieurs heures, lasse, essorée par la longueur de l'effort, cadencée par ma respiration. Une jambe avance, puis une autre, l'autre jambe, puis une autre. Une chimie cérébrale s'opère. Mes douleurs s'effacent. Le temps s'évade. J'expérimente la brusque interruption du mental, le vide absolu des pensées, la vacuité. Je ne suis plus un corps qui avance, mû par un esprit, guidé par une âme. Je suis le rien.

Je deviens le tout. Ni avant, ni après, ni dehors, ni dedans, ni masculin, ni féminin. L'ensemble des parcelles de moi-même se connecte avec l'intégrité de ce qui m'entoure, le désert et le ciel, les pierres et le vent, le Soleil et la Lune. Je chute librement vers l'extrême sensation d'être.

Une chose m'aspire au loin, comme un féroce vertige. Le soleil tombe. L'ambre et le miel enrobent le désert. La chose se rapproche, elle m'aspire plus fort, plus vite. J'y vais, j'y vole. Le sol s'effondre sans prévenir. Du haut d'une falaise, mon vide intérieur se jette à mes pieds. Il se perd dans l'énorme cratère de Makhtech Ramon. Nos vides s'enlacent, dansent et tourbillonnent au milieu des falaises échancrées, planent au-dessus du sol chauve, couleur ocre et brun, rougeâtre par endroits, terre de Sienne, veiné de rivières qui rêvent d'être rivières.

Dans cette valse du vide, le cratère plonge son regard dans le mien. Mon cœur se serre contre ses falaises, cogne contre son fond, illimité. Je succombe à sa beauté.

8

Amour

9 février, Mitzpe Ramon

Le cratère de Makhtech Ramon a la forme d'un cœur allongé, qui étire ses falaises comme un éternel refrain, d'est en ouest. Il a vu fleurir sur l'un de ses bords la petite ville de Mitzpe Ramon, où je passe la journée.

On ne s'arrête pas à Mitzpe Ramon pour la ville de Mitzpe Ramon, ses immeubles au style soviétique, ses lotissements de maisons aux couleurs du désert, ses hangars d'artistes, ses bouquetins apprivoisés. On s'arrête à Mitzpe Ramon pour vivre au pouls de son cratère.

C'est un pouls lent, régulier, qu'on croirait endormi. Il insuffle une grande douceur à la vie. Le corps y trouve le repos, et l'âme la béatitude.

10 février, de Mitzpe Ramon au camp Gevanim

La traversée du cratère sépare l'aube du crépuscule. Dans cet entre-deux, je baigne dans un monde monochrome, mouillé de soleil. Au milieu de cette immense constellation de pierres, la vie, parfois. Elle ne s'entasse pas comme ailleurs, s'économise, se minimalise. La rareté lui redonne son sens du précieux et de la splendeur. Elle en devient étrange, surnaturelle, un sursaut propice à l'émerveillement. Je me laisse surprendre par un buisson ébouriffé, des bouquetins qui escaladent une paroi, une perdrix de Hey qui s'envole dans un bruit sec, de petites coquilles blanches d'escargots, qui se nourrissent du lichen incrusté dans les roches calcaires, les minuscules feuilles figées d'un acacia solitaire.

L'acacia se révèle toujours solitaire. Il trône, téméraire, au-dessus des pierres, tel un roi veille sur son royaume. Un roi généreux, puisqu'il offre son feuillage aux bouquetins, améliore le sol pour que d'autres plantes se développent, et en prévient l'érosion grâce à ses racines profondes. Il serait allé jusqu'à se sacrifier ; c'est avec son bois qu'aurait été construite la tente du Tabernacle, depuis les mâts jusqu'à l'autel de l'Arche d'Alliance.

Selon une légende, Jacob, fils d'Isaac et petit-fils d'Abraham, aurait planté les acacias en cheminant vers l'Égypte. Il aurait pressenti que les juifs auraient besoin de ces arbres des centaines d'années plus tard, sur le chemin de l'Exode, le chemin du long retour.

Des milliers d'années durant, des civilisations ont foulé ce sol avant moi. Outre Moïse et ses douze tribus, cananéens, philistins, édomites, byzantins, nabatéens, ottomans, romains seraient passés par le Néguev, y laissant leurs empreintes. Les Nabatéens, par exemple. Ces seigneurs du désert y auraient tracé une « route de l'encens ». Ils acheminaient parfums, cosmétiques et sel à l'aide de longues caravanes de chameaux depuis le Yémen jusqu'au port de Gaza. Les ruines d'Avdat, une ville qu'ils auraient fondée au IIe siècle avant Jésus-Christ, sont encore visibles sur une colline près de Sde Boker. Quant aux Romains, ils auraient transmis le nom de « Ramon », dérivé de l'arabe *ruman*, romain, à la ville de Mitzpe Ramon.

Le désert n'est désert que par l'apparence. Mes pas écrasent le souvenir de milliers d'autres pas, peut-être même ceux de mes propres ancêtres, qui quittèrent l'Afrique il y a soixante mille ans. La mémoire de ces pierres est gorgée d'innombrables passages, de grands espoirs et de sombres désespoirs. Je comprends mieux l'intensité que le désert renferme en lui ; son karma est de se libérer. En se libérant, il libère.

Sous l'acacia, je profite de l'ombre bénie, avale mes dattes, me désaltère de mon eau. Solitaire contre solitaire, nous devenons couple insolite du désert. Je me sens moins seule. Je repars.

Le soleil vertical frappe mon visage. Le désert extirpe l'eau de mon corps, je ne suis plus que sueur. Elle coule dans mes yeux, irritante, glisse le long de mes joues, goutte contre les pierres. La chaleur est terrible, lourde et sèche, pèse de tout son poids sur mes épaules. Le chemin se raidit, il s'élève sur le versant sud du cratère, vers le sommet de sa Grande Dent, une montagne de magma refroidi, rejetée par les entrailles de la terre. La luminosité agresse mes pupilles, m'aveugle presque. Le désert m'apparaît surexposé, cramé. Il m'échauffe. Le son de mes pas se mêle au son de sa respiration, le son du silence.

J'atteins le sommet. Partout, le désert. Il envahit mon paysage visuel, auditif. Je perds mes repères, évolue dans une autre dimension, où tout se renverse. Je suis au-dessus de lui, il est en dessous de moi. Il est tout. Il n'est rien. Mon corps se balance entre ce tout et ce rien. Je fais quelques pas, étourdie. Le désert m'entraîne dans un corps à corps avec lui-même. Il se joue de mes faiblesses pour mieux m'attirer à lui. Je lâche prise, cède à son emprise. Je m'effondre au sol. Allongée contre ses pierres, je l'épouse. Je tends les bras derrière moi, le touche, le caresse. Il est tiède, sec, rugueux, dur. J'aime la sensation qu'il me procure. Il déclenche en moi des spasmes de désirs, me provoque, m'excite. Notre relation est charnelle, sexuelle. Il est en moi et je jouis de le savoir en moi. Je le déguste, le savoure. Je le dévorerais tout entier s'il était assez petit.

11 février, du camp Gevanim à Tsofar

Le désert est devenu océan. Je nage dans des profondeurs bleu saphir. D'étranges poissons lumineux, aux couleurs d'or, d'une grande beauté, me croisent, curieux, amusés. On dirait qu'ils me sourient. Je me pose au fond, commence à creuser, le sable s'envole lentement, flotte à mes côtés. Les grains scintillent comme des étincelles. Je creuse encore, je cherche quelque chose, quelque chose qui m'enchante. Quoi ?

Je me réveille, le désert est là, silencieux, à peine surpris de ma présence. Drôle de rêve, peut-être nourri de ce que j'ai vu la veille : un large mur d'ammonites, des créatures marines fossilisées en forme de gros escargots, qui m'a renvoyé deux cents millions d'années en arrière, où une partie du monde était recouverte de la mer Téthys. Merveilles du subconscient. Allégé de toute contrainte, oxygéné par la marche, il s'épanche en ruisseaux de symboles et peuple mes nuits d'histoires extraordinaires.

Je vais sous le soleil levant, dans mon désert mordoré. Le ciel est vivant, vibrant, d'un bleu apaisant, tranquille, pas encore réveillé. Depuis mes premiers pas dans ce pays, la lumière est irréelle, une beauté venue d'ailleurs, qui ne semble exister qu'ici. Le désert la sublime. Libre de s'exprimer, elle se frotte à lui, se réfracte. Les pierres tantôt arrondies tantôt saillantes luisent de bonheur, les mille et une feuilles des acacias frémissent et scintillent, les reliefs du paysage se peignent de différentes palettes de couleur : ocre, ambre, chamois d'un côté, noir et beige de l'autre. Sur un flanc, un cœur géant a été dessiné avec des pierres noires. Nous tombons d'accord. Le désert est une grosse rocaille d'amour.

Alors que je marche sur des hauteurs, je m'évade dans le grand bleu de mon rêve, avec l'envie d'y retourner. Ô mon désert chéri, comme je te trahis par mes pensées ! Ce désert me rend dingue. En fait, j'en suis dingue. Malgré la fatigue, je me sens incroyablement détendue. Il me prend l'envie de flâner, de voguer dans les frissons du vent, de m'abandonner à être, comme ses millions de pierres au soleil.

Mais le caractère montagneux du désert, autoritaire, m'impose sa propre idée de la traversée. Pendant deux jours, ses reliefs m'astreignent à l'effort, à la vigilance, me forcent à grimper, me penchent vers le vide, me ramènent sur les grands plateaux de pierres ou alors, ils se referment autour de moi, me soumettent à la marche lourde et lente dans les graviers de *wadi* mélancoliques, me glissent entre les bras d'un canyon. Grimper, empoigner la roche, veiller à mes appuis, redescendre, et marcher, marcher encore, toujours, sous le soleil, contre les pierres, contre mes douleurs, contre moi-même.

J'oscille entre des phases de contemplation, d'extase, de léthargie, de concentration, de dépassement, de réflexion, d'introspection, et de bivouacs sous le ciel étoilé. N'est-ce pas cela, vivre ? Plus j'explore le désert, plus il me devient métaphore. Tout le monde devrait se lancer dans une longue marche dans le désert. On y apprend la patience, la résilience, la résistance, la persévérance. Le retour à l'instant. Le *yom yom* à chaque pas. On y apprend à creuser jusqu'à sa moelle pour y puiser la substance de ce que l'on est ou pas. Le désert devient maître, guide.

Dieu n'aurait pas pu mieux faire en commandant à Moïse et son peuple d'y errer quarante années durant. Serait-il là parmi les buissons, les pierres, les acacias solitaires, les strates de roches qui ondulent comme des vagues figées par le temps, le lézard planqué dans l'ombre d'une fissure ? Dieu me semble d'autant plus présent maintenant qu'il n'y a plus d'hommes.

Le désert, lieu de révélation. Maintenant que j'y suis, corps et âme, cela aurait du sens. C'est dans ces conditions que Dieu serait apparu à Moïse, quoique plus au sud, dans le désert du Sinaï, en Égypte. L'immensité rocailleuse, montagneuse. La solitude du berger. Une nuit pleine d'étoiles. Un buisson hirsute en feu. Une voix qui jaillit du silence. *Éhyéh acher éhyéh.* Puis, le sommet du mont Sinaï. Les cieux, plus proches encore. L'immensité, plus profonde encore. Le silence, plus dense encore. Et Moïse qui reçoit de Dieu les Tables des Dix Commandements.

Je suis l'Éternel ton Dieu
Tu n'auras pas d'autres dieux que moi
Tu n'invoqueras point le nom de Dieu en vain

Souviens-toi du jour du shabbat pour le sanctifier
Honore ton père et ta mère
Tu ne commettras pas d'homicide
Tu ne commettras pas l'adultère
Tu ne voleras pas
Ne rends point contre ton prochain de faux témoignages
Ne convoite rien de ce qui appartient à ton prochain

Quarante jours et quarante nuits se passeront où, du haut de son sommet, il aurait reçu d'autres messages de Dieu, et notamment ce qui constituera l'Alliance entre Dieu et les Hébreux, lesquels seront en devoir d'obéir à sa Loi. Enfin, le temps des quarante années d'exode à travers le désert, dans l'attente de pénétrer le pays de Canaan, Moïse aurait écrit sous la main de Dieu ce qui constituera les cinq livres de la Torah.

Et Dieu créa la religion : une série de commandements et de lois qui permettent à un peuple de vivre ensemble. Est-ce la condition *sine qua non* de toute vie en société ? L'anthropologue britannique Robin Dunbar considère que l'être humain ne peut avoir une authentique relation sociale, donc saine, que si le groupe auquel il appartient est inférieur à cent cinquante personnes. Pour toute société plus vaste, la religion s'érigerait comme un ciment pour maintenir en place l'ordre social, selon des lois fondamentales dictées par une puissance suprême, hors d'atteinte.

Dès lors, pourquoi me suis-je éloignée de la religion ? Suis-je contre l'idée d'une vie en société ? La seule voie vers l'harmonie collective serait-elle de s'isoler dans les forêts, les montagnes, les îles, les déserts ? Si je passe le plus fort de mon temps seule, année après année, la question de mon développement intérieur s'est liée à celle de l'avenir de la société et, plus encore, de l'humanité. Que nous vaudrait-il de nous élever spirituellement si c'est pour nous retrancher dans une caverne ?

Mon voyage m'a ouvert au judaïsme et à son aspect mystique, la kabbale. J'y ai vu des principes et des traditions qui, lorsqu'elles s'alliaient à la conscience des personnes qui en sont imprégnées, par la pratique ou plus largement la connaissance, menaient non seulement au vivre ensemble, mais aussi à la volonté de se questionner, sans cesse, de dépasser les obstacles du passé et du présent, puis de bâtir. J'y ai vu un combat contre la fatalité, un soulèvement de la volonté. N'est-ce pas là mon propre combat ?

Au fond, je n'ai pas rejeté la religion. J'ai refusé ce que l'homme a fait de la religion. Car lorsqu'elle tombe entre des mains obscures, avides de pouvoir et de conquête, elle devient plus redoutable que n'importe quelle arme de guerre. Elle provoque manipulation, déviances, intolérance, massacres. Vécue sans conscience, la religion aveugle, elle est prison. Elle s'effondre en un amas de règles, où le cœur se débat contre un esprit astreint à croire et pratiquer. Le cœur s'étouffe, l'âme s'efface, ne reste qu'un corps articulé par la cécité d'un esprit manipulé.

À la lumière de ces réflexions, mon cheminement s'éclaire. En grandissant, j'ai pris conscience de l'absence de conscience qui embourbait les religions. Je ne me suis pas opposée aux enseignements en eux-mêmes, mais à ce qui les étranglait, les poussait dans le goulot de la crainte, la punition et l'abstraction, au point de les arracher à leurs racines, leur souffle premier. Raison pour laquelle je me suis tournée vers les chamanistes, auprès desquels j'ai appris à me connecter à la nature, ses éléments, jusqu'à pouvoir m'y dissoudre, corps et âme, puis les bouddhistes, grands maîtres de la conscience, qui m'ont transmis leur connaissance de l'esprit, ses travers et ses pouvoirs, ses secrets, par la pratique de la méditation. Maintenant que Dieu est revenu à moi, il ne me semble pas juste de rejeter la religion, cette dernière tissant la toile du vivre ensemble où peuvent se peindre les principes de la spiritualité même. Il suffit d'ouvrir les yeux, saisir sa conscience, et de voir entre les fils.

La spiritualité n'est donc pas hors les religions. Elle est la source commune à toutes les religions. Si la spiritualité est une montagne à gravir, les religions sont autant de chemins qui mènent vers son sommet : se libérer, s'élever intérieurement et aimer. À chacun sa voie.

Cette source commune m'intrigue, m'obsède. J'ai le désir d'y tremper mes lèvres, de m'en éclabousser, de m'y immerger. Mon intuition me susurre que s'il est un avenir à notre monde, il est de remonter à cette source. Son courant est d'autant plus fort que les bouleversements que nous connaissons sont rapides. Serait-ce cette raison qui me pousse férocement vers les différentes traditions ? Déterrer les racines de ce qui a été divisé ? J'ai soudain le sentiment que d'être née de plusieurs origines, plusieurs religions, de m'être penchée très jeune vers le monde de l'invisible puis, au cours de mes voyages, d'avoir exploré différentes spiritualités, constituent les pièces d'une mosaïque qui se dessine ici, sur ces terres. Jusqu'alors, je regardais ces éléments comme une juxtaposition linéaire de causes et de conséquences, d'expériences et d'enseignements. L'idée me prend de les assembler, les cimenter selon une autre perspective.

S'il est un changement qui doit s'opérer dans ma vie, il ne porte pas sur ce dont j'ai hérité. Je suis ainsi parce qu'il devait en être ainsi. Le plancton ne cherche pas à devenir poisson. Le poisson ne cherche pas à devenir oiseau. L'oiseau ne cherche pas à devenir arbre. L'arbre ne cherche pas à devenir soleil. Tout est parce qu'il existe une raison que ce soit. Le changement porte sur ma vision de cet héritage, la façon dont je l'appréhende pour bâtir mon lendemain. Il porte sur ce qui sera.

Une étreinte se défait. Ma respiration devient plus limpide, plus fluide. La multiplicité qui me troublait ne m'est plus opaque ni pesante. Elle ne traduit pas un déracinement quant à mon appartenance éventuelle à une terre, elle reflète mon enracinement dans la diversité de la terre. Je suis condamnée à labourer les profondeurs pour y exhumer l'unité. Et la source jaillira. Et mon âme chantera.

Telle est ma révélation.

Il fait de plus en plus chaud. Je m'assèche. Je divague. Mon regard tombe sur mes mains, mes bras. Ils ont bruni, me sont presque méconnaissables. Ils se sont teintés du désert. Je suis fauve au milieu du grand fauve.

Le chemin grimpe entre deux parois. Une trouée dans le désert. En haut, un bruit me ramène sur terre : le râle d'une route. Je jette un long regard derrière moi, j'embrasse de mes lèvres le désert, je plonge vers la civilisation.

Une miette de civilisation me faut-il admettre. Quoique parallèle à la route, le chemin se prolonge dans le désert, sur un long plat qui n'en finit pas. J'arrive en marge du kibboutz Tsofar en fin d'après-midi. L'entrée d'un camping. À l'intérieur, personne. Je balance mon sac sous un porche égayé de petites guirlandes colorées, étire mes vertèbres, gagne un ou deux centimètres, m'approche d'un parc où trois chameaux m'observent d'un œil mou. À côté d'un tracteur, un homme à la barbe brune.

– Vous êtes ouvert ? Possible de dormir ici ?

– Bien sûr Miss !

Il s'approche de moi, sourit.

– Toi, tu fais le Shvil. T'as une vraie tête de baroudeuse ! Bon, je ne suis pas un ange du chemin, mais je peux être un ange du dîner. Allez, installe-toi, repose-toi un peu et je t'offre à manger.

Il m'amène devant une petite cabane de tôle beige, un tapis strié de rouge et de rose en guise de porte. Des tresses recouvrent le sol, des matelas sont entassés dans un coin.

– Voici ta chambre aux millions d'étoiles. Ta chambre est ici et les millions d'étoiles sont là-haut.

Je regarde le plafond de tôle. Il sort et lève son doigt.

– Miss ! Ici ! Dans le ciel !

La religion n'est pas seule à pouvoir provoquer la cécité. La fatigue aussi.

13 février, de Tsofar au camp Barak

Un grand soleil au centre du ciel. De grands nuages qui me regardent. Une grande ligne droite dans le grand désert. Mes pas lourds soulèvent la poussière. Mon corps se dissout dans la monotonie de la terre.

Je deviens vapeur d'âme, étincelles de pensées, une ombre qui s'abreuve de lumière.

14 février, du camp Barak à Zihor

La boule de feu point sur l'horizon. Elle grossit, incendie le désert. J'ai envie de pleurer. Ce pays a réveillé mon hypersensibilité, mon hyperémotivité, mon hyper-tout-ce-qui-remue. Que la sérénité des montagnes de l'Himalaya me semble loin ! Il m'était bien facile de méditer des mois durant auprès des nonnes bouddhistes du Zanskar, cette vallée perdue à plus de 4 000 mètres d'altitude. Une seule menace : la neige.

Un jour, en France, j'échangeais avec une amie sur les principes bouddhistes de la compassion, de l'amour inconditionnel, en réponse à des médisances et des mesquineries qu'elle devait affronter. « Mais, ils ne vivent pas dans le même monde que nous ces gens-là ! Ils vivent dans des grottes ! Pas en société ! » m'a-t-elle lancé, spontanément. J'ai ri sur le coup. Il est pourtant vrai que vivre dans la multitude complexifie le rapport à l'autre, sans même évoquer le rapport à soi. Cernés par les menaces, aimer celui qui est prêt à tout pour nous écraser paraît délicat, voire impossible, d'autant plus lorsqu'il est sans pitié. Henri Laborit parle de fuir. Il ne parle pas d'aimer. Peut-être que les rats sur lesquels il a mené ses expériences n'en étaient pas capables. La science a ses limites.

Pourquoi je pleure ? Parce que je ne me sens pas en paix. Je doute de la paix. Plus j'avance dans ma vie, plus j'avance sur ce chemin, plus je réalise qu'à toute phase de paix, aussi brève soit-elle, précède une phase de combat. Principe taoïste du yin et du yang, qui représente l'unité au-delà du dualisme. Pas de blanc sans noir. Pas de lumière sans ombre. Pas de vie sans mort. Donc, pas de paix sans guerre. Et que tourne la roue. Pas de noir sans blanc. Pas d'ombre sans lumière. Pas de mort sans vie. Pas de guerre sans paix. La sérénité himalayenne m'a été accessible, compréhensible, parce que auparavant, j'ai connu les troubles de l'esprit et de l'âme, contre lesquels j'ai livré un combat sans relâche. Ce combat m'aurait traînée dans les ténèbres sans la gouverne de mon cœur. Harnachée de sa lumière, j'ai rampé sous les balles des épreuves, vaincu les ennemis qui m'annihilaient, étreint la glaise de qui j'étais, je me suis dressée vers mon destin. Et que tourne la roue. J'ai goûté à la paix. De quoi mon cœur me parlait-il ? De joie, d'amour. C'est ce qui m'a sauvée. C'est ce qui peut sauver n'importe quelle personne, pays, civilisation. Oui. L'amour sauvera le monde.

Je pénètre dans le profond canyon Barak, les boyaux du désert. Les parois sinueuses couleur feu puis blanc crème se resserrent sur mon passage. Elles font six fois ma taille. La rivière du ciel veille sur elles. Elles se font face, se répondent dans leurs mouvements, comme dans un tango, concave à ma droite, convexe à ma gauche, un pas en avant, un pas en arrière. Le canyon me lance un *abrazo*. Je me plaque contre lui, empoigne les arceaux scellés dans ses flancs, agrippe des cordes, escalade des échelles. Je vais vertical. Mon sac me tire vers le bas, je me hisse vers le haut. Mes jambes tressaillent, mes bras se crispent, mes mains sont moites. Réflexes d'un corps épuisé qui craint la chute.

Un autre corde, une autre échelle, j'extrais ma force de ses replis. « La force de la foi » se visse dans ma bouche, comme un second souffle. *La force de la foi. La force de la foi. La force de la foi.* Et je monte un peu plus vers le ciel.

La foi, c'est plus que la confiance. C'est croire en soi, en la nature, en la terre, croire en l'invisible, en une entité qui nous dépasse, en Dieu, en l'Univers, au Tout. C'est croire que quelque chose nous guide, un quelque chose d'extérieur qui se ressent de l'intérieur. C'est croire au-delà des croyances. C'est croire en l'éveil de la conscience. La foi est énergie. Elle est amour. Elle me nourrit de son feu, s'infiltre dans mes mains, mes bras, mes jambes, elle anime mon cœur. D'un coup, mon corps ressuscite.

Le canyon nous lâche, ma foi et moi, sous un grand ciel bleu, brûlant. Solitude du plateau de pierres. Puis, de nouveau un canyon. Retour dans les boyaux. Pas de hauteurs sans profondeurs. Et que tourne la roue. Cette fois-ci, je me hisse vers le bas. Mon sac me tire toujours vers le bas. La même lutte contre la gravité. Les échelles, les arceaux, les cordes. Les parois, courbées et lissées par l'érosion. Des cuvettes d'eau stagnante. Lorsqu'il pleut fort au nord d'Israël, en une journée, les eaux s'accumulent, consolent les *wadi* en réalisant leurs vieux rêves et arrivent par torrents dans le désert. La crue soudaine des eaux peut tout engloutir sur son passage. Dans des endroits comme ce canyon, c'est la mort assurée. Aussi forte soit-elle, la foi ne peut rien contre le destin.

15 février, de Zihor à Neot Semadar

L'armée s'est emparée d'une parcelle du désert, le transformant en un vaste terrain d'entraînement militaire. Conséquence : le chemin va tout droit, parallèle à la route, sur 28 kilomètres. Longue journée où mes pas me traînent sans autre plaisir que celui d'avancer. J'affronte la monotonie munie de la clé de la patience : l'oubli de l'espace et du temps.

En fin d'après-midi, j'arrive devant le kibboutz verdoyant de Neot Semadar, qui offre le gîte et le couvert en échange d'une journée de volontariat. Je boite vers l'entrée. La plante de mes pieds est en feu. Sur ma droite, un bâtiment jaune et rose aux formes rebondies, symétriques, semble sorti d'une version psychédélique d'Alice au pays des merveilles. Sur son toit, une gigantesque tour rose, cylindrique, coiffée d'un chapeau turquoise se dresse comme un phallus qui chercherait à féconder le ciel. Le désert invite à l'excentricité.

On m'installe sous un grand préau au toit de palmes. Je me débarrasse de mon sac et de mes chaussures. J'enfile mes sandales. Soulagement. Mes pieds respirent. Deux randonneurs tchèques sont arrivés la veille.

– C'est super particulier ici ! la fille s'exclame.

– La règle du dîner, c'est de ne pas parler, son copain ajoute. Viens avec nous, on va te montrer !

Dans la grande salle à manger commune, en effet, c'est le silence. Des tables sont plus ou moins remplies. Des personnes se tiennent debout devant des bacs remplis de nourriture. Nous nous attablons. Un couple a déjà commencé le repas. En face de moi, une jeune femme me sourit de ses yeux pétillants, hoche de la tête en guise de bienvenue. Son ami agit de même. Seuls le bruit métallique des couverts et le grincement des chaises qu'on tire au sol résonnent dans la salle. La jeune femme lève la main. Un homme arrive. Elle lui montre un saladier et une corbeille vides. Il les prend, repart, puis revient avec la corbeille remplie de pain et le saladier plein de quinoa. Une expérience de muet. On se salue en silence, on mange en silence, on demande ce que l'on souhaite par un signe de la main, on se lève de table en silence. Je tombe sur une application directe de ma journée dédiée au silence. Mes lubies trouveraient public en cette terre. Fascinant.

De retour sous le préau, les Tchèques et moi discutons de ce curieux kibboutz. Bondissants d'enthousiasme, ils m'expliquent qu'ils ont travaillé dans un champ de dattes toute la journée. L'un des membres du kibboutz leur a ensuite montré comment ils récupéraient l'eau de pluie et la purifiaient par les plantes et les pierres.

– Ils sont tellement proches de la nature ! Ils vivent en totale autonomie en vendant ce qu'ils cultivent. Ils ont même des chèvres pour le fromage ! En plus, ils sont tous végétariens et adeptes de la méditation. On se croirait chez les bouddhistes !

Nous nous couchons. Les palmes du toit frémissent sous le vent. Quelque part dans la nuit, des rafales de mitraillette crèvent le silence du désert.

16 février, Neot Semadar

5 h 30. La salle à manger est plongée dans la pénombre. Une trentaine de chaises sont disposées sous la forme d'un grand cercle. Les gens sont assis dans un grand silence. Je m'assieds à côté d'une femme. Je ferme les yeux.

Dix minutes plus tard, un homme au centre du cercle lance un « Boker Tov ». Mon esprit revient à la vie. Les gens se lèvent, se rassemblent en petits groupes. Et la parole fut.

– C'est toi la volontaire qui est arrivée hier ? une fille me demande. Suis-moi, tu seras dans le groupe en cuisine.

La cuisine est immense, étincelante, impeccablement propre et rangée. Tables en inox. Ustensiles géants suspendus : couteaux, marmites, casseroles, poêles. Gros cageots de légumes entassés au fond : patates douces, oignons, tomates, concombres, carottes, bottes énormes de coriandre et de persil. La fille en charge du groupe attribue les missions manu militari. « Toi, tu t'occuperas d'éplucher les légumes. Toi, de préparer la purée de patates douces. Toi, tu cuisineras le riz, prends ce papier, la recette est dessus. Toi, tu feras la vaisselle. Toi et toi, vous servirez dans la salle à manger. » Tout doit être prêt avant midi afin de nourrir les cent cinquante personnes du kibboutz.

Je suis affectée à l'épluchage et à la découpe des oignons puis des patates douces. Tout en m'adonnant à ma tâche, je jette un œil curieux aux personnes de mon groupe. Dans les différents coins de la cuisine, chacun est concentré, un demi-sourire aux lèvres, une parole amicale à qui a besoin de quelque chose. Si l'on parle, c'est à voix basse. Si quelqu'un a fini, il vient en aider un autre. Un doux parfum de bienveillance circule entre les casseroles et les légumes.

Les oignons passent entre mes mains. Je pleure sur les épluchures. Puis, c'est au tour des patates douces. Je les fends en deux, en grosses lamelles, en cubes. Un gars les récupère, la chaîne continue, je retourne à mes patates.

Les heures passent, mes gestes se répètent, mécaniques, le cageot se vide lentement. La lassitude se mêle à ma fatigue. Mes yeux se ferment presque, je travaille dans un demi-sommeil. Je me concentre sur le son étouffé de la lame qui fend la chair orangée, cogne contre la table à découper, la légère humidité de la chair contre mes doigts, le tintement des cubes qui tombent dans le bac en métal. Jamais je n'aurais pensé que des patates me guideraient dans la méditation.

Ce kibboutz est unique en son genre. Il a été fondé à la fin des années 1980 par Yosef Safra, un dramaturge à la bohème. Lecteur assidu de philosophes mystiques tels que Krishnamurti et Gurdjieff et passionné par les méthodes d'observation de la pensée, il embarque avec lui des artistes originaires de Jérusalem pour former au milieu du désert une communauté qui vivrait dans une totale harmonie.

En l'absence de connaissances préalables en architecture ou en bâtiment, ils étudient les techniques de construction modernes, les associent aux matérieux naturels, et vont sortir à eux seuls Neot Semadar de terre. Portés par l'amour de la création, de la nature, du respect de soi et de l'autre, ils inventent un mode de vie basé sur la non-possession, l'écologie, le consensus dans les décisions, ainsi que le maintien du dynamisme de la pensée par l'apprentissage permanent, le changement régulier de métiers, le développement de l'expression et la créativité grâce à la pratique des arts.

Cette histoire explique la tour phallique qui m'a intriguée à l'entrée. Elle n'est rien de plus qu'une tour de refroidissement stylisée, une sorte de cheminée de ventilation inversée qui utilise l'eau de pluie. Le reste du bâtiment, baptisé la Maison des Arts, accueille des ateliers pour les artisans du kibboutz.

À midi, le déjeuner est prêt. Les plats partent sur des chariots vers la salle à manger. Place au service. Retour au silence. Debout dans un coin de la salle, il nous faut guetter une main se lever, décrypter les gestes et les regards, puis apporter ce qui manque à la table.

L'après-midi est semblable à la matinée : laborieuse et concentrée. Le travail est chose sérieuse dans un kibboutz. Une pause nous est toutefois accordée. Nous installons des chaises en cercle à l'ombre d'un arbre. Sur une table, des pommes, des dattes, et du thé. Le vent danse avec les feuilles, la chaleur est douce.

– On va commencer par un cercle de noms, dit la responsable du groupe.

Tour à tour, nous prononçons notre nom, un acte élémentaire qui étrangement nous soude davantage les uns aux autres.

– Et maintenant, on va parler du thème de la semaine : la colère. Qui veut nous parler de son expérience de la colère ?

Chacun raconte une anecdote personnelle, confie ses doutes, ses difficultés à gérer cette émotion. Il n'est point question de thérapie ou d'enseignement, mais de partage et d'écoute.

– Souvenons-nous de la philosophie de notre communauté : nous libérer des préjugés et des croyances, dit une jeune femme.

– Tu as raison, répond un homme plus âgé. La colère est destructrice. Elle nous détruit. Et nous sommes là avant tout pour créer.

Je grignote un quartier de pomme. Il y a quelques heures encore, ces personnes m'étaient parfaitement inconnues. Voici que maintenant, nous nous livrons sans grande pudeur ni crainte du jugement. Ramenés à la simplicité, les rapports humains s'assainissent, ils s'apaisent.

Je me dis alors que cette communauté a déjà trouvé un moyen de désamorcer une très grande colère : celle d'un monde qui ne se parle plus, ne s'écoute plus, ne se regarde plus, ne se comprend plus. Dunbar a peut-être raison. Pour restaurer l'humanité, il nous faudrait vivre en communauté. J'y ajouterais : et réapprendre le silence.

17 février, de Neot Semadar à Shaharut

Autre secret du Néguev : des dunes de sable doré. Mes pas s'enfoncent dans un petit bout de Sahara. J'empoigne du sable. Les grains se faufilent lentement entre mes doigts. Le temps me tombe des mains.

Le temps est paradoxe : j'ai l'impression d'être arrivée dans ce pays hier mais d'y voyager depuis des mois. Le désert a amplifié le phénomène. Il a son propre temps, plus dense, lent, libre, presque palpable, comme si sa nudité, son aridité, son immobilité, me traînaient vers le point zéro du temps, le retour à l'instant, à l'origine du temps, la création.

Sur l'arrondi d'une dune, le sable forme des vagues où des buissons secs tordent leurs griffes vers le ciel bleu. Plus bas, un cône de sable et de poussière se torsade entre des pierres puis s'évanouit dans les airs. Je marche dans une douce lenteur, sur un grand velours de miel. Le vent est chaud. Il dépose du sable entre mes lèvres, sur mes dents. Un marcheur me dépasse.

– Tu fais le Shvil toi aussi ? En entier ? me demande-t-il avec un fort accent américain. Tu es parti quand ?

Subit retour du temps. Je souffle.

– Heu… je ne sais plus vraiment. Fin décembre je crois.

– Je suis parti dix jours après toi alors !

Je regarde son sac à dos. Il est presque deux fois plus petit que le mien. Cet Américain est un prototype du marcheur ultralight, ultrarapide.

– Eh bien ! J'espère que tu prends quand même le temps de rencontrer les gens. Ce pays est plein de surprises !

Il fronce les sourcils.

– Rencontrer ? Pour quoi faire ? Je ne m'arrête pas chez les anges du chemin. Je trace ! Ça me suffit pour découvrir ce pays. Il est tellement petit de toute façon. Après, je file en Jordanie.

Il repart, s'évanouit plus vite encore que la torsade de sable et de poussière. Il n'échappe pas au temps. C'est le temps qui lui échappe.

Le crépuscule embrasse le village de Shaharut. Un village paisible, isolé. Aucune barrière ne le sépare du désert. À l'orée d'une falaise, il se tourne vers les imposantes montagnes de Jordanie, rougies par le soleil couchant. Je dépasse des maisons, un tipi, des roulottes aménagées, entre dans une maisonnette. Un grand matelas au sol, un tapis d'Orient aux couleurs du crépuscule, une large tenture imprimée d'un mandala au mur. Partout, des pierres de différentes formes et couleurs. Derrière une grande fenêtre, le désert. Avec la nuit, il devient bleu.

Une fille rayonnante au joli nom de Kinneret m'a invitée à la rejoindre ici pour la soirée. Elle m'attend avec une autre fille, douce comme le sable, et son frère, un grand barbu au regard d'agneau. La fille m'explique qu'elle adore les pierres, et qu'elle en ramène à chacune de ses marches dans le désert. Ils se sont installés à Shaharut il y a quelques années parce que « tout est beau à Shaharut ».

– Tu n'imagines pas comment on se sent libre ici ! dit Kinneret. On est sur un bord du désert. Personne ne vient parce que la route s'arrête ici ! Il n'y a rien derrière à part le désert. Mais ce que j'aime par-dessus tout, c'est que les gens construisent leur maison comme ils le veulent. Elles sont toutes différentes et il y a toujours un truc en construction ! Moi, je suis en plein aménagement de ma petite roulotte. Ça me prendra le temps qu'il faudra. L'important, c'est que chaque jour, j'avance un peu plus.

Assis en tailleur sur le tapis, nous sirotons un verre de vin rouge. En fond, une délicieuse musique aux accents orientaux berce nos discussions. On dirait la complainte d'un antique violon, au timbre délicat, à la fois profond et aérien. La mélodie entraîne mes pensées sur une longue et lente spirale qui s'élève dans la nuit bleue du désert. Elle s'enroule, s'enroule encore, sensuelle, éternelle.

– C'est quoi cette musique que vous avez mise ? J'aime beaucoup.

– C'est quelqu'un d'ici qui a créé son groupe. Il joue du kamânche. C'est un vieil instrument, une vièle originaire d'Iran. C'est ce qu'il y a de beau dans la musique. Elle réunit ! En Israël, tu pourras entendre aussi bien de la musique klezmer, qui nous vient des juifs d'Europe de l'Est que cette musique-là, influencée par les cultures du Moyen-Orient.

– J'adore. J'ai longtemps joué de la flûte traversière et du coup, je suis très musique classique, plutôt compositeurs européens. Entendre de la musique du Moyen-Orient est un vrai régal. C'est très différent, je trouve, plus long, plus lent. Comme le désert.

– Tu aimes le désert ?

– C'est plus que de l'amour pour moi ! C'est une révélation ! Pourquoi ? Y a des gens qui n'aiment pas ça ?

– Bien sûr ! Le désert n'est pas fait pour tout le monde. Et tant mieux, sinon ce ne serait plus un désert ! Certaines personnes arrivent ici, restent vingt minutes maximum, et repartent. Ils préfèrent leur téléphone au silence.

– On dit que ceux qui ont peur du désert, ce sont ceux qui craignent d'y entendre la voix de Dieu, ajoute la fille douce comme le sable.

Son frère dépose sur le tapis de l'houmous, de la salade, du quinoa et de la pita pour le dîner. Kinneret joint ses mains devant elle.

– Je ne suis pas très religion, et je ne fais pas de prières avant le repas. Mais ce que j'aimerais que nous fassions, en guise de bénédiction, c'est que chacun, on dise merci à quelqu'un ou quelque chose qui nous a touchés dans la journée.

Ils se tournent vers moi. J'hésite. Je regarde Kinneret, dont les yeux bleus scintillent comme la mer de Galilée.

– Alors, je voudrais te remercier toi. Parce que aujourd'hui, quand je marchais dans le désert, je me suis dit que j'aimerais bien passer cette soirée avec des personnes d'ici. Et juste quand j'arrivais au pied du village, tu es venue vers moi, comme par miracle ! Et me voici avec vous.

– Mais le miracle est en toi ! me disent-ils. Comme en nous tous !

– C'est ce que je pense aussi ! La clé est de revenir à l'instant. Je trouve que la marche dans le désert aide beaucoup à ça. Il y a un autre rapport au temps ici. Mais il y a un truc que j'aimerais savoir. Avec l'hébreu qui s'écrit de droite à gauche, comment vous percevez le sens du temps ? De la gauche vers droite, comme nous, ou de la droite vers la gauche, comme le sens de votre écriture ?

Ils rient.

– Elles sont drôles tes questions !

Kinneret ajoute :

– Ni de la gauche vers la droite, ni de la droite vers la gauche. Le temps, pour moi, il est vertical ! Il va du bas vers le haut, de la terre vers le ciel !

9
Unification

18 février, de Shaharut à Be'er Ora

Je m'assieds au bord de la falaise de Shaharut, jambes dans le grand vide. Le soleil se pose sur la dentelle des crêtes des montagnes jordaniennes. La vallée ocre et chamois baigne dans une brume de lumière jaune orangé. Le soleil poursuit sa lente ascension vers le ciel, il se colle au plafond de nuages gris. À cent cinquante millions de kilomètres de moi, il est pourtant immobile. Je le regarde et il me semble qu'il me parle. Il me raconte le mouvement de la Terre. Le soleil ne se lève pas. C'est moi qui, collée à la terre, dans une imperceptible rotation vers l'est, m'oriente un peu plus vers lui. Je me décentre par rapport à l'Univers. L'Univers se recentre sur lui-même.

D'un coup, je me sens petite, minuscule, ridicule. Le désert est, depuis des millions d'années. Il sera après ma mort, après la mort de nous tous, après la mort de l'humanité. La dureté de ses pierres est l'expression de leur fierté, leur résistance au temps, leur indifférence au pauvre homme que nous sommes, qui ne fait que passer. Si éternité il y a, elle est là, sous moi, au-dessus de moi, dans les pierres et la lumière.

Si seulement je pouvais voler, me dis-je. J'irais par-delà ces crêtes, par-delà Israël, la Jordanie, la Syrie, le Moyen-Orient, je dépasserais les courbes de la Terre, percerais de mes ailes la stratosphère et, depuis l'espace illimité, assise sur un morceau d'étoile, je contemplerais l'humanité. Me prendrait-il l'envie de la guider, la sauver ? Ou attendrais-je de voir ce qu'elle ferait ?

Expansion de ma conscience. Je me fais à la fois l'observateur et l'observé. Mon désert fauve me souffle un constat parallèle. Le chemin longe la falaise. J'écrase l'indifférence des pierres, me débats contre la chaleur. Sur ma gauche, les montagnes de Jordanie m'observent en même temps que je les observe. De grosses roches calcaires, grises, rondes comme des boulets de canon, des fossiles, m'observent en même temps que je les observe. L'immense vallée de Timna, vers laquelle je m'enfonce, m'observe en même temps que je l'observe. Les promeneurs que j'y croise m'observent en même temps que je les observe. Si je me jette dans l'œil des montagnes, des roches, de la vallée, des promeneurs, qu'y verrai-je ? Une autre réalité ? Ce que je vois n'est-il pas une projection unique de ma pensée ? Ne suis-je pas en train de vivre un rêve créé par moi-même ? Dès lors, où est la place de Dieu ? En moi ou en dehors de moi ?

Je suis arrivée sur ces terres avec une question « pourquoi Israël ? » et voici que mille et une questions cravachent mon esprit. Mes énigmes. Ma quête. Peut-être la réponse est-elle là : dans la question. Ne plus se questionner, c'est admettre par défaut que tout est vrai, tomber dans une aveugle croyance, chuter dans les mailles de l'ignorance. Les membres de Neot Semadar font bien de s'adonner à la création permanente. Créer, c'est questionner.

Je ne veux jamais cesser de créer.

19 février, de Be'er Ora à Nahal Netafim

Je vais dans le creux du désert, mon amour, mon maître, celui que je ne voudrais jamais quitter. De mes mains je me hisse, de mes pas j'avance. Le sentier s'escarpe, je grimpe jusqu'au sommet d'une montagne. Le ciel bleu envahit l'espace. En bas, le désert se métamorphose. Des parois de roche rouge rubis, rouge grenat se plissent au-dessus de l'horizon.

Le soleil fige le silence. Je descends sur une pente abrupte. Mes pas crissent. Mes bâtons se plantent. Je retiens la gravité de la force de mes bras, mes cuisses. Je pénètre entre les lèvres d'un canyon, aux parois striées, rosées. L'air est sec. La soif me tenaille. Je m'appuie contre un rocher, je bois. Soudain, un sifflement sec, aigu. Je me retourne. Sur un flanc, un mouflon fuit.

Des morceaux de roche se détachent, roulent et rebondissent, s'écrasent contre le sol.

Le canyon s'élargit, pâle, ocre, rose. Je suis fatiguée, la plante de mes pieds me brûle de nouveau. Chaque pas est une braise de douleur. Mon cerveau s'engourdit. Les derniers kilomètres du chemin m'astreignent à lutter plus fort, plus puissamment contre moi-même. Au loin, sur le faîte du canyon, une silhouette. Je plisse des yeux. Qui s'amuserait à grimper jusque-là ? J'avance. La silhouette disparaît. Le canyon continue de s'élargir. Ses parois reculent tandis que je continue d'avancer. La silhouette revient. Je secoue la tête. Elle disparaît.

Trois randonneurs viennent à ma rencontre. Un couple d'Israéliens, drapeaux à prières tibétains noués à leurs sacs, et un Suisse, qui s'est greffé à eux en chemin.

– Vous avez vu quelqu'un là-haut ? Vous avez croisé quelqu'un en remontant le chemin ?

Ils se tournent vers la paroi, l'air interrogatif.

– Heu… non. On n'a vu personne.

– J'ai cru qu'il y avait une silhouette là-haut. Ça doit être la fatigue !

– Fata morgana ! Un mirage ! me lancent-ils. Tu as fait le Shvil en entier ?! Ouah ! Demain, c'est ta dernière journée ! Félicitations !

J'esquisse un sourire, vide d'enthousiasme.

– Je suis heureuse d'être allée jusqu'au bout du chemin. Mais tellement triste de le terminer.

– Pourquoi ?

– Parce que votre pays m'a bouleversée ! Il m'a révélé tellement de choses, sur cette Terre, sur moi-même. Et quand je pense à ces gens qui m'ont accueillie, sans rien demander en échange et puis tous les autres, que j'ai rencontrés par hasard. Même si je ne crois pas au hasard, c'est juste incroyable !

La jeune fille israélienne lève les bras au ciel en souriant.

– C'est ton âme qui les a invités !

La nuit tombe sur le désert. Je pose mes affaires sur le bord d'un *wadi*, sous un acacia. Je me glisse dans mon duvet. Sous mon dos, le désert, tiède. Au-dessus de moi, la ceinture d'Orion scintille. Un arc de lune argenté flotte comme une plume sur la toile de la nuit, ma dernière sous ce plafond d'étoiles. Car demain, j'y serai. La fin du chemin, du Shvil. Que se passera-t-il ensuite ?

Un bruissement d'ailes. Une branche de l'acacia ploie. Quelque chose vient de se poser. J'allume ma torche. Deux billes jaune doré reflètent ma lumière. Une chouette me regarde. La chouette, symbole de sagesse, de clairvoyance. Elle a le pouvoir de voir dans l'obscurité, de voir ce qui est caché. Elle vient pour me rassurer.

Sous l'œil de la chouette, je ferme les paupières. Mon souffle se ralentit, mon corps s'engourdit, un mot s'échappe de mes lèvres.

Aimer.

20 février, de Nahal Netafim à Eilat

Le ciel a tiré un drap de coton gris. Une pluie fine se met à tomber. Elle a ouvert ma marche sur ce chemin. Voici qu'elle la clôture. Je sors du *wadi*. Le désert explose de contrastes. À mes pieds, un océan miel de pierres. Derrière, une dentelle rocheuse de montagnes rouge carmin. Au fond, les crêtes rouge grenat des montagnes de Jordanie. Au-dessus, des langues de nuages blancs laiteux. Du bas vers le haut, quatre couches de couleurs, de textures, chantent ensemble la symphonie du paysage.

Un écho.

Corps. Cœur. Esprit. Âme. Les quatre couches de ce que je suis, de ce que nous sommes. Jusqu'alors, je n'avais pas compris comment cela s'articulait. Ce voyage m'a montré la voie. Je me suis rendue ici, guidée par une vision que m'a projetée mon esprit. Poussé par la joie, l'élan de mon cœur, mon esprit n'a pas cédé à toutes les raisons qui s'opposaient à mon départ. Puis, de tout mon corps, j'ai marché. Je me suis confrontée aux frontières, à l'idée de la guerre, de la colère, mon esprit s'est racorni, embué, mais à chaque fois, la marche l'a nettoyé, assoupli, déplié, pour qu'il s'ouvre non pas à ce qu'il voyait, entendait, mais aux signaux que mon cœur lui envoyait. Dès lors, mon esprit a ressenti. J'ai marché encore, jusqu'à m'épuiser, jusqu'à réduire la distance qui me séparait de la nature, du ciel, du désert, lequel m'a tirée davantage vers moi-même, vers ce vide infini où j'ai saisi la main de ce qui me guidait véritablement, profondément, ce qui était à l'origine même de ma vision : mon âme.

Mon âme est descendue dans mon cœur. Mon cœur a guidé mon esprit. Mon esprit a mis en mouvement mon corps. En me fiant à cette alchimie de l'existence, je me suis lancée dans les bras de ma conscience et me suis retrouvée là où je me devais d'aller : sur ces terres.

Je traverse la route qui mène à Eilat, la ville la plus méridionale d'Israël, vais entre des montagnes de granite rouge grenat, descends dans des gorges étroites, longe un bout de frontière avec l'Égypte, grimpe sur un mont de pierres or et chamois. En quelques heures, la pluie cesse, les nuages se dissipent, le ciel bleu se répand, libre, éclatant. La chaleur explose. Un vent puissant, tenace, chevauche les reliefs. L'énergie du pays se plaque de toutes ses forces contre ma poitrine. Je hurle à la vie. J'existe. Plus que la vie, c'est l'existence qui est belle.

Inclinée vers l'avant, tête baissée, je fends les éléments et poursuis mon fidèle chemin. Ce chemin m'est devenu lien, entre terre et ciel, ombre et lumière, visible et invisible, mythe et réalité, lien entre une multiplicité de paysages, de religions, de traditions, de vies, de visages. Au fil des jours, il a recousu les fragments d'étoffes qui me dépeçaient. Il a brodé dans ma chair la force de son symbole : tout est unité. S'il lui arrive de se fracturer, mon *tikoun*, ma réparation, est de remonter le courant de la diversité et de rétablir cette unité, d'unifier, quand bien même il me faudrait combattre. Désormais, je me sens armée.

Dernière descente. Mes pas se cramponnent à la terre. Le désert me retient. Je m'arrête toutes les quinze minutes, tourne sur moi-même, m'imprègne de tout le paysage. Les montagnes rouges, l'esquisse du chemin, les flancs rocailleux, les crêtes accidentées, le soleil doré. J'entrouvre les lèvres, je dévore le vent, la poussière, les vibrations de la terre, les battements de son pouls. J'aimerais ne plus avancer, reculer, retourner à tout ce qu'elle m'a offert, et m'abreuver, m'abreuver encore et toujours de sa source intarissable.

Mon cœur s'accélère, se dilate dans ma poitrine, se fait plus grand, plus fort. Je lance un regard derrière mon épaule. Le soleil a disparu. Une rafale me pousse. Il me faut avancer. Toujours la descente, puis un monticule. Le bleu profond de la mer Rouge s'étale à mes pieds. Le murmure des vagues. Un pas encore. Le cri d'une pierre. L'envol d'une mouette.

J'entends.

Je t'entends.

Oui, je reviendrai.

ANNEXE

Informations pratiques sur le Shvil

Le Shvil ou Sentier national israélien a été inauguré en 1994. Son tracé a été conçu par Avraham Tamir, qui s'est inspiré du modèle des grands chemins de randonnée américains, tel que le sentier des Appalaches.

Année après année, différentes sections ont été définies. Au nombre de 48, elles sont identifiées grâce à un balisage tricolore : orange-bleu-blanc pour ceux qui parcourent le chemin du nord vers le sud (l'orange du désert sur le haut de la bande), blanc-bleu-orange pour ceux qui parcourent le chemin du sud vers le nord (le blanc de la montagne sur le haut de la bande).

Sa longueur totale est d'environ 1 100 kilomètres.

Il est important de noter que le tracé du Shvil est régulièrement modifié, dans une volonté d'amélioration, par la Société pour la protection de la nature en Israël (SPNI), l'organisation à but non lucratif qui gère les chemins de randonnée en Israël.

En conséquence, il est fort possible que son itinéraire futur diffère légèrement de celui que j'ai parcouru en hiver 2018.

À l'heure où j'écris ce livre, les seules informations disponibles sur le Shvil sont en anglais ou en hébreu. De nombreuses ressources sont disponibles sur internet en tapant « Israel National Trail » ou « Shvil Israel » sur un moteur de recherche.

J'ai toutefois tenu à vous lister les ressources en anglais qui m'ont été les plus utiles dans la préparation de ce chemin.

– Le guide papier du Shvil : Jacob Saar, *Israel National Trail – Hike the Land of Israel*, 2016. C'est ce guide que j'ai emporté le long du chemin. Il détaille précisément les 48 sections du chemin, avec courbes de dénivelés, descriptions de l'itinéraire, cartes topographiques au 1:50 000. Ce guide est la référence de tous les Shvilistim. Vous pouvez le commander sur internet.

– Un forum de discussion plutôt actif dédié au Shvil : https://www.tapatalk.com/groups/israel-trail/

– La liste actualisée des « Anges du chemin » : https://shvil.fandom.com/wiki/INT_Trail_Angels

– La liste des points d'eau accessibles dans le désert ainsi que les coordonnées des personnes qui se proposent de dissimuler de l'eau dans le désert : https://shvil.fandom.com/wiki/Water_in_the_Negev_Desert

– Un site internet qui regroupe des informations actualisées sur le Shvil (blogs de Shvilistim, derniers livres sur le Shvil, liste des ressources en anglais) : https://www.israeltrail.net/

– Un tracé GPS sur Google Maps, très précis et actualisé, qui indique en outre les localisations des « anges du chemin », des épiceries, des points d'eau, des campements, des auberges de jeunesse… En bref, tout ! Évidemment, vous ne pourrez consulter cette carte sur votre smartphone que lorsque vous aurez accès à internet, donc au Wi-Fi. Une solution est de vous procurer une carte SIM locale, pour bénéficier de la 4G, disponible sur une grande partie du pays, sauf en certains lieux du désert.

– Un autre tracé GPS, cette fois-ci à télécharger directement dans une application GPS, donc accessible en l'absence de réseau téléphonique. Vous trouverez également deux tracés GPS, dont le lien est accessible à l'adresse suivante : lindabortoletto.com/shvil-israel. Attention, ce tracé date de 2016. J'ignore s'il sera mis à jour ultérieurement. Vous pourrez vérifier ce point sur le forum de discussion ci-dessus mentionné.

Enfin, outre de vous préparer physiquement à parcourir ce chemin, qui présente des difficultés non négligeables, notamment dans le désert, le meilleur conseil que je puisse vous donner est d'écouter votre ressenti !

S'il vous prend l'envie de vous en éloigner, de parcourir des extensions, pour le rejoindre plus tard où vous l'avez quitté – ce que j'ai fait à différentes reprises – n'hésitez pas. Ces échappées font elles-mêmes partie du chemin. De cette façon, il vous deviendra unique.

TABLE

Achevé d'imprimer en mars 2021
sur les presses de Normandie Roto Impression s.a.s.
à Lonrai (Orne)
pour le compte des Éditions Payot & Rivages
60/62, avenue de Saxe -75015 Paris
N° d'impression : 2101566
Dépôt légal : mars 2021

Imprimé en France